DES
CONTRE-LETTRES,

CONSIDÉRÉES

1.° Dans leurs rapports avec les obligations en général; 2.° avec les lois fiscales encore en vigueur sur cette matière; 3.° avec les règles du contrat de mariage.

Par L. C. de Plasman,

AVOCAT A LA COUR ROYALE D'ORLÉANS.

A PARIS,

CHEZ NÈVE, Libraire de la Cour de Cassation, au Palais de Justice, n.° 9;

ET A ORLÉANS,

Chez M.me V.e HUET-PERDOUX, Imprimeur, rue Royale.

Déc. 1822.

On ne reconnaîtra pour non contrefaits que les exemplaires qui porteront la signature de l'Auteur.

AVERTISSEMENT.

J'ai eu l'occasion d'examiner une des questions les plus importantes, discutées dans cet ouvrage; j'ai recherché dans les monumens de la Jurisprudence, et dans les écrits des Jurisconsultes, des lumières qui pussent me guider; je n'ai trouvé, presque partout, qu'incertitude et variations continuelles.

Les personnes qui connaissent l'état de la Jurisprudence, ne seront pas étonnées d'une assertion aussi positive; en effet, les anciens docteurs ont à peine parlé des Contre-Lettres: Pothier, lui-même, garde le silence sur cette matière, dans son célèbre Traité des Obligations; la raison en est simple : au moment où ils écrivaient, les lois qui ont donné naissance à la plus grande partie des controverses actuelles, n'existaient pas; et quant aux nouveaux auteurs, embrassant presque tous l'immensité de la science, ils ont négligé, jusqu'à présent, d'entrer dans de longs développemens sur cette partie du droit : elle occupe, il est vrai, une si petite place dans notre code qu'elle n'a pas sans doute attiré leurs regards, et cependant elle acquiert chaque jour plus d'intérêt par la diversité des opinions qu'elle a fait naître.

Frappé de ces contradictions, j'ai voulu fixer mes idées sur les difficultés qui se présentaient à mes yeux; c'est ainsi qu'insensi-

blement j'ai terminé ce travail ; et comme
je ne connais aucun auteur qui ait traité spécialement des Contre-Lettres, j'ai pensé qu'il
pourrait être de quelque utilité, à ceux qui se
livrent à l'étude des lois, et qui, comme
moi sans doute, éprouveraient le même em-
barras, de trouver réunis, dans un seul ca-
dre, une analyse des anciens principes, l'état
de la Jurisprudence nouvelle, l'indication
des variations successives qu'elle a éprouvées,
et une discussion sur les points de droit les
plus importans.

On remarquera peut-être, que je me suis
attaché particulièrement à réfuter l'opinion
de M. Toullier sur une de ces questions épi-
neuses (.v.ʳ le §. 3), opinion professée également par M. Delvincourt ; et comme on pourrait croire, qu'entraîné par un sentiment
d'amour-propre, je n'ai voulu que combattre
ces Jurisconsultes distingués, je dois dire ici
toute ma pensée.

Comme ce disciple de Socrate, avant de
prendre un parti décisif, j'ai répété plusieurs
fois : *les maîtres l'ont dit ;* mais enfin, après
un nouvel examen et de longues méditations,
j'ai cru devoir céder à ma conviction in-
time ; heureux d'avoir dans le cours de ma
vie, l'avantage de manifester publiquement
mon respect pour M. Toullier, et mes sentimens de reconnaissance pour M. Delvincourt, l'un de mes professeurs.

DES CONTRE-LETTRES.

RÉFLEXIONS GÉNÉRALES.

Une Contre-Lettre est une obligation qui doit rester secrète pendant un tems plus ou moins long, suivant la volonté des parties, et qui sert à modifier une obligation ostensible et simulée (1).

Avant la révolution, les actes publics étaient exprimés par le mot *lettre* : on disait, *les Lettres de Rescision*, *les Lettres-royaux* ; mais depuis cette époque, ces termes ne sont plus en usage : cependant le législateur a conservé l'expression *Contre-Lettre*, qui indique suffisamment, par elle-même, le sens qu'on doit lui donner. De ce mot naît de suite en effet l'idée d'un acte fait contre la lettre même d'un acte principal, d'un acte qui déroge à un autre acte pour en étendre, en expliquer ou en restreindre les dispositions.

« Les Contre-Lettres sont vues défavorablement, » a dit Ferrière (2) ; c'est un détour concerté entre » les parties pour retenir d'une main ce qu'on

_____

(1) Voir, en raison de ce dernier mot, le §. 2, où il se trouve justifié.

(2) Tous les anciens auteurs sont d'accord à cet égard. Voir *Denisart*, v.° c.° lettre, n.° 3.

» abandonne de l'autre, ou pour mettre à couvert
» ce qu'on appréhende de faire connaître au public;
» en un mot, c'est une précaution qui souvent rend
» suspecte la foi de ceux qui en usent ».

L'auteur du *Répertoire de Jurisprudence* a émis
une opinion contraire à celle de tous les anciens
Jurisconsultes. En général, dit-il, les Contre-Lettres
n'ont rien d'illicite. Je pense qu'il a commis une
erreur. Pourquoi faire usage d'un moyen semblable,
si ce n'est pour cacher aux parties intéressées des
engagemens qu'on n'ose pas leur avouer?

Il est vrai que l'on peut avoir quelquefois des
raisons plausibles pour vouloir qu'un voile mystérieux
dérobe au public la connaissance des obligations
que l'on contracte, mais ce cas est bien rare, et ces
divers actes ne servent que trop souvent d'appui
aux manœuvres du dol et de la mauvaise foi.

Un père veut favoriser un enfant naturel au
préjudice de ses enfans légitimes; il achète, sous
le nom d'un tiers, une propriété dont la valeur
excède de beaucoup la portion que la loi lui permettrait de donner, et fait, avec ce tiers, une Contre-
Lettre dans laquelle on reconnaît que ce dernier
n'est qu'acquéreur simulé. Quelque tems après le
tiers remet la propriété à l'enfant naturel, au moyen
d'une vente qui n'a de réel que la délivrance de l'immeuble à celui qui ne devrait avoir qu'une très-
faible partie des biens de son père, et qui parvient
ainsi, frauduleusement, à absorber pour lui seul la
fortune de ses frères et sœurs.

L'augmentation progressive des droits d'enregistrement est encore une des causes les plus communes de l'existence de ces actes.

Une personne vend un bien de 150,000 fr. ; cette vente va occasionner des droits considérables ; les deux contractans, pour les éviter en partie, conviennent qu'on ne portera que 100,000 fr. sur le contrat, et font, pour le surplus, une Contre-Lettre sous seing-privé, dans laquelle ils fixent le mode et les époques de paiement des 50,000 fr. dont on ne parle pas dans l'acte public (1).

Nous pourrions citer encore d'autres exemples, mais ces cas suffisent pour démontrer que l'auteur du Répertoire a émis une opinion erronée.

Les principes qui régissent les Contre-Lettres

---

(1) Cette conduite des contractans est blâmable, sans doute ; (voir le §. 5 *in fine*,) peut-être, si les droits d'enregistrement étaient plus modérés, cette fraude serait-elle moins fréquente ? Le droit de vente, qui n'a été établi que par la loi du 19 décembre 1790, n'était, à l'époque de sa création, que de 2 pour cent. Par la loi du 22 frimaire an 7, il a été porté à 4 pour cent, et celui de transcription à 1 et demi pour cent.

D'après la loi du 28 avril 1816, le droit d'enregistrement est de 5 et demi pour cent, et celui de transcription, de 1 fr. fixe. Outre le droit de 5 et demi, il faut en outre payer le 10.ᵉ sur la totalité du droit.

Ainsi, pour acheter un immeuble de 10,000 fr., il faut verser plus de 600 fr. à la régie, sans compter les droits de timbre, ceux des officiers publics, et toutes les autres charges qui pèsent annuellement sur l'immeuble.

seraient extrêmement simples et faciles à saisir, sans
la liaison qu'ils se trouvent avoir avec les lois fiscales, qui ne reposent pas toujours sur les principes
d'une justice bien rigoureuse.

Cette circonstance, réunie à l'état incertain de la
jurisprudence sur cette matière, doit la rendre assez
épineuse pour les jeunes gens qui font les premiers pas dans la carrière des lois. Outre qu'ils né-
gligent entièrement dans le cours de leurs travaux
tout ce qui se rapporte à la perception des deniers
publics, ils ne doivent pas concevoir de prime-abord,
ce me semble, des dispositions légales qui ne sont pas
toujours parfaitement en harmonie avec le droit commun et avec les principes de l'équité et du droit naturel.
Mais quand on se livre à l'étude du droit, on est
souvent obligé de se rappeler que la jurisprudence
est en même tems la science du juste et de l'injuste,
et qu'il faut malheureusement que l'honnête homme
soit expert dans cette science pour démêler au milieu
des combinaisons coupables de la mauvaise foi,
les véritables principes de la justice. *Jurisprudentia*
est divinarum atque humanarum rerum notitia,
justi atque injusti scientia. Instit. lib. 1.

Toutefois, et pour que les jeunes étudians qui
liront cet ouvrage se fassent une idée saine sur
l'emploi des Contre-Lettres, nous croyons devoir
leur rappeler cette pensée de Pline le jeune :

Liv. 5, *épist.* 1. Pomponia-Gratilla deshérita son
fils Assudius Curianus, et m'institua héritier avec
Sertorius-Severus, qui a été préteur, et d'autres

chevaliers romains de distinction. Curianus me pressa
de vouloir bien lui donner ma part dans la succession, et d'établir par là un préjugé en sa faveur
contre mes cohéritiers : mais en même-tems il
m'offrit de me laisser, par une Contre-Lettre, cette
même portion que je lui donnerais. Je lui répondis,
qu'il n'entrait pas dans mon caractère de feindre
publiquement une chose, et de faire secrètement
l'autre.

« *Pomponia-Gratilla exhæredato filio Assudio
Curiano, hæredem reliquerat me : dederat cohæ-
redes Sertorium-Severum, prætorium virum, aliôs-
que equites Romanos splendidos. Curianus orabat
ut sibi donarem portionem meam, seque præju-
dicio juvarem ; eandem tacitâ conventione salvam
mihi pollicebatur. Respondebam, non convenire
moribus meis aluid palam, aliud agere secreto.* »

Comme s'il voulait dire que tout ce qui paraît à
l'extérieur est un témoignage public du secret de la
conscience et du cœur, et que les hommes doivent se conformer à cette publicité dans les obligations qu'ils contractent. Telle était la morale des
anciens.

DIVISION DE L'OUVRAGE.

Cet ouvrage sera divisé en deux parties :

Dans la première, nous examinerons les Contre-Lettres dans leurs rapports avec les obligations en général ; dans la deuxième, les Contre-Lettres relatives au contrat de mariage.

Ire PARTIE.

§. Ier. Quelles sont les lois qui ont régi et qui régissent encore aujourd'hui les Contre-Lettres ?

§. II. Dans quel cas un acte qui déroge à un autre acte est - il une Contre - Lettre ? Réfutation d'une doctrine fausse, émise par Merlin.

§. III. Une Contre-Lettre qui a pour objet d'augmenter le prix d'une vente stipulée dans un acte public, est-elle nulle, même entre les parties contractantes ?

§. IV. La Contre-Lettre nulle entre le vendeur et l'acquéreur, lorsqu'elle contient une augmentation de prix, ne doit-elle pas produire tout son effet à l'égard des créanciers du vendeur ?

§. V. Le triple droit peut-il être perçu par la régie lorsque la nullité de l'acte est prononcée entre les parties ?

§. VI. Une Contre-Lettre qui porte qu'une vente n'est pas réelle, nuit-elle aux droits d'un tiers, second acquéreur ?

§. VII. La soustraction d'une Contre-Lettre peut-elle être prouvée par témoins ?

§. VIII. L'exécution d'une Contre - Lettre peut - elle être séparée du contrat qu'elle modifie ; peut - on l'anéantir à l'aide de simples présomptions ?

§. IX. La Contre-Lettre sous seing-privé, portant qu'une vente est feinte ou simulée, est-elle, relative-

ment à la régie, considérée comme une rétrocession qui donne ouverture à un second droit
de mutation.

§. X.   Lorsqu'un vendeur reconnaît avoir reçu le prix
comptant, et que cependant l'acquéreur, par
une Contre-Lettre, déclare qu'il ne s'est pas
libéré, la régie a-t-elle le droit de considérer
cette Contre-Lettre comme une revente donnant
lieu à un nouveau droit de mutation ?

§. XI.   L'article 40 de la loi de frimaire an 7, est-il applicable à l'augmentation de prix, qui, par un
acte séparé d'un contrat de vente, ou de cession, est stipulé au profit d'un tiers auquel ce
contrat est étranger ?

IIᵉ. PARTIE.

§. I.ᵉʳ   Etat de l'ancienne Jurisprudence sur les Contre-
Lettres relatives au contrat de mariage.

§. II.   Quelles sont les lois qui les régissent en ce moment?

§. III.   Si, malgré la disposition prohibitive de l'art. 1395,
on peut faire des changemens au contrat après
la célébration du mariage.

§. IV.   Si la convention par laquelle des pères ou mères
renoncent à quelques-uns des avantages résultant de leur contrat de mariage, au profit d'un
de leurs enfans, peut être considérée comme
une Contre-Lettre.

§. V.   Lorsque des époux ont, par contrat de mariage, stipulé une communauté avec exclusion des héritiers
collatéraux, de toute participation de cette communauté, doit-on regarder comme nulles toutes
dispositions testamentaires des époux qui auraient
pour effet de rappeler les héritiers collatéraux
au partage de la communauté?

§. VI.   Si une donation faite par l'un des futurs époux,
avant le contrat de mariage, en faveur de l'autre
époux, doit être, considérée comme une Contre-
Lettre.

§. VII. Si la convention par laquelle le gendre cède à son beau-père la jouissance pendant sa vie des fruits d'un héritage donné en dot à sa fille, est une Contre-Lettre ?

§. VIII. Une quittance donnée par un mari, d'une somme qu'il avoue avoir reçue depuis le mariage, pour augmentation de la dot de sa femme, peut-elle être regardée comme une Contre-Lettre ?

§. IX. Lorsqu'une fille est dotée par son père, que le contrat porte quittance de la dot, quoique le mari ne la reçoive pas réellement, et qu'ensuite le beau père fait à l'époux une Contre-Lettre, par laquelle il reconnaît qu'il n'a pas payé la dot, quel sera l'effet de cet acte à l'égard de la femme et de ses héritiers ?

PREMIÈRE PARTIE.

§. I.er

Quelles sont les lois qui ont régi et qui régissent encore aujourd'hui les Contre-Lettres ?

Avant la révolution il n'existait aucune loi sur les Contre-Lettres ; les auteurs les plus connus, tels que Ferrière, Denizart et Merlin, ne font même aucune mention d'ordonnances ou d'arrêts réglementaires qui, dans le silence de la loi, s'expliquassent d'une manière générale ; on ne connaissait que quelques dispositions prohibitives qui sont maintenant sans intérêt (1).

_____

(1) Voici ce qu'on lit dans le *Répertoire de Jurisprudence*, au mot *Contre-Lettre*, pag. 116, 2.e colonne.

Les Contre-Lettres étaient nulles et prohibées, 1°, dans

Cependant la jurisprudence avait, par voie de doctrine, consacré quelques principes.

1.º Les Contre-Lettres authentiques ou sous seing-privé, comme toutes autres conventions, avaient force entre les parties contractantes;

2.º Les Contre-Lettres sous seing-privé, non enregistrées, étaient sans effet à l'égard des tiers; mais lorsqu'elles avaient une date certaine, soit par l'authenticité de l'acte, soit parce qu'elles étaient re-

---

l'acquisition des offices de Procureurs, Notaires et autres semblables. Un arrêt de réglement du 7 décembre 1691, et un autre du 8 août 1714, l'ont ainsi décidé. (Mais cela est sans objet depuis la suppression de la vénalité des offices).

2º. Dans les contrats de fondation et de dotation des Monastères et Communautés, à peine de 10,000 fr. d'amende. Il est défendu aux Notaires d'en recevoir de pareilles, à peine de faux et de 2,000 fr. d'amende. C'est ce qui a été jugé par un arrêt du 3 mars 1663.

(Comme il ne peut plus être fait aucune fondation sans l'autorisation expresse et solennelle du Gouvernement, il est clair que toute Contre-Lettre en cette matière, que le Gouvernement n'a pas approuvée, est absolument sans effet).

3.º Dans les négociations et affaires de ceux qui sont comptables envers le Roi. C'est ce qui résulte de la déclation du 16 mai 1552.

(Le code civil dit, en termes plus généraux, art. 1321, que, « les Contre-Lettres ne peuvent avoir leur effet qu'entre » les parties contractantes : elles n'ont point d'effet, ajoute » t-il, contre les tiers »,).

4.º Dans les devis et marchés pour bâtir, suivant la sentence de réglement du Châtelet, du 3 décembre 1690, qu'on trouve à la fin du Recueil des actes notariés de Denizart. (V. l'art. 2103, n.º 4 et 5, et l'art. 2110 du Code Civil.)

2.

connues en justice, alors elles pouvaient être opposées aux tiers avec succès. Voir Denizart et Ferrière, v.° Contre-Lettre.

Nous ferons ressortir, au §. suivant, la différence
qui existe entre l'ancienne et la nouvelle législation;
maintenant nous nous bornons à dire que ce
sont les auteurs du code civil qui, les premiers,
ont établi un principe général sur les Contre-Lettres.

L'article 1321 est ainsi conçu :

« Les Contre-Lettres ne peuvent avoir leur effet
» qu'entre les parties contractantes : elles n'ont point
» d'effet contre les tiers ».

Mais cependant, avant le code, avait paru plusieurs lois qui, quoique purement fiscales, ont eu
depuis leur promulgation, une influence extrême
sur les décisions des Tribunaux , par la relation
qu'elles se trouvent avoir avec les lois civiles.

La première est du 19 décemb. 1790 ; la deuxième
du 30 septembre 1797 (9 vend. an 6); la troi-
sième du 22 frimaire an 7.

Voici le texte de ces différentes lois.

1.ʳᵉ Loi. — *DÉCRET relatif au droit d'enregistrement des actes civils, judiciaires, et des
titres de propriétés.* (n.° 261.)

(Collection générale des lois, T. 2, p. 724 et 756.)

Section VII.

Actes sujets au droit de 3 liv. par 100 liv.

» Les baux à ferme ou à loyer au-dessus de 12
années, jusqu'à 30 inclusivement.

» Les mêmes droits seront payés pour les sous-baux, subrogations, cessions et rétrocessions desdits baux, s'ils doivent durer encore plus de 12 années.

» A l'égard des Contre-Lettres qui seront passées, soit sur des baux, soit sur d'autres actes et contrats, les droits en seront perçus à raison des effets qui en résulteront ; savoir : sur le pied de la 4.me section des actes simples (1), lorsqu'il s'agira de réduire ou de modifier les conventions stipulées par des actes antérieurs qui auront été enregistrés.

» Et à raison du triple des droits fixés par le présent tarif, sur toutes les sommes et valeurs que la Contre-Lettre ajoutera aux conventions antérieurement arrêtées par les actes en forme. »

2.me Loi. — *LOI relative aux fonds nécessaires pour les dépenses générales, ordinaires et extraordinaires de l'an 6.*

(Coll. gén. des lois, t. 12, p. 550 et 555, 11 B, 148, n.° 1447).

Titre II.

« *Art.* 52. A compter de la publication de la présente, toute Contre-Lettre qui serait faite sous signature privée, de laquelle il résulterait une augmentation de prix stipulé dans d'autres actes ou contrats, est déclarée nulle et de nul effet ; néanmoins il y aura lieu à exiger, à titre d'amende, les droits simples sur les sommes qui seraient l'objet desdites

(1) Actes sujets au droit de vingt sous par 100 livres.

Contre-Lettres, lorsque la connaissance en sera acquise.

» Il n'est rien innové pour celles faites antérieument à la publication de la présente, lesquelles demeureront soumises aux dispositions qui leur sont relatives dans le tarif annexé à la loi du 19 décembre 1790. »

5.ᵉ Loi. — *Art.* 40 *de la loi du 22 frim. an* 7.

« Toute Contre-Lettre faite sous signature privée, qui aurait pour objet une augmentation de prix stipulé dans un acte public ou dans un acte sous signature privée, précédemment enregistré, est déclarée nulle, et de nul effet; néanmoins, lorsque l'existence en sera constatée, il y aura lieu d'exiger, à titre d'amende, une somme triple du droit qui aurait eu lieu sur les sommes et valeurs ainsi stipulées ».

Cette dernière loi a donné naissance à de grandes difficultés; elles trouveront leurs développemens dans les §. 3, 4, etc. Mais, pour le moment, nous devons seulement faire remarquer qu'elle contient deux dispositions bien distinctes. Dans la première, le législateur déclare nulles les Contre-Lettres qui ont pour objet d'augmenter le prix stipulé dans un acte de vente.

Dans la seconde partie, il veut que le droit qu'on aurait perçu sur le prix énoncé dans la Contre-Lettre soit triplé, et qu'on soit obligé de le payer au trésor, à titre d'amende.

Telles sont les seules lois en vigueur sur cette

matière, encore est-il incertain, en ce moment,
si la première partie de l'art. 40 n'est pas abrogée
par l'art. 1321 ; question que nous examinerons
dans le §. 3.

---

§. II.

Dans quel cas un acte qui déroge à un autre acte est-il une Contre-Lettre ?

L'examen de la question ci-dessus énoncée né-
cessite quelques développemens par suite d'une différence sensible qui paraît exister, à cet égard, entre
l'ancien et le nouveau droit. Mais avant d'entrer dans
des détails sur ce point de jurisprudence, dont
en vain j'ai cherché la solution dans une foule d'ouvrages, il est indispensable de relever une erreur
échappée, je crois, à la plume savante de l'auteur
du *Répertoire*; le principe qu'il pose comme reconnu, et que je crois une hérésie en droit, se
liant essentiellement à la question objet de ce §.

« Aujourd'hui, dit-il, au mot *Contre-Lettre*, dans
» toute la France, les Contre-Lettres sous seing-
» privé ne font foi de leur date contre les tiers,
» que du jour, soit de l'enregistrement, soit du
» décès de l'un de ceux qui les ont souscrits, soit
» de l'acte public ou leur substance est constatée ;
» et on ne peut les inscrire au bureau des hypo-
» thèques, qu'après qu'elles ont été reconnues en
» justice ». Voir, ajoute-t-il, l'art. 1328 ; et ce
dernier article est ainsi conçu :

« Les actes sous seing-privé ont date contre les
» tiers, du jour où ils sont enregistrés, etc. ».

Ainsi l'opinion de Merlin est que l'enregistrement d'une Contre-Lettre lui donne effet contre les tiers.

De cette opinion naît la question de savoir si l'art. 1328 modifie l'art. 1321, de manière que toute les fois qu'on fait enregistrer la Contre-Lettre, elle produise effet contre les tiers, à partir de l'enregistrement; ou bien, si la disposition de l'art. 1321 est tellement générale et exclusive de toute modification, que dans toutes les hypothèses possibles les Contre-Lettres n'aient jamais d'effet contre les tiers.

M. Toullier, tome 8, page 261, exprime une opinion tout à fait opposée à celle de Merlin.

« On distinguait, dit-il, autrefois, entre la Contre-
» Lettre sous seing-privé, et la Contre-Lettre passée
» devant Notaire, ou reconnue en justice, et dont
» il restait minute. La première ne pouvait être
» opposée à des tiers; il en était autrement de la
» seconde lorsqu'elle avait été passée en même-tems
» que l'acte, auquel elle dérogeait, ou qu'elle dé-
» truisait ». (Voyez le nouveau Dénizart, v.° Contre-
Lettre, n°. 2.)

« Le code n'a point admis cette distinction : c'est
» dans le paragraphe qui traite du titre authentique
» qu'est placé l'art. 1321, où il est dit que les
» Contre-Lettres n'ont point d'effet contre les tiers.
» Cette disposition s'applique donc aux Contre-
» Lettres authentiques ou passées devant Notaire,
» et dont il restait minute, aussi bien qu'à celles qui
» sont faites sous seing-privé. Les unes ne peuvent
» pas plus que les autres être opposées à des tiers.

» Ainsi une Contre-Lettre portant qu'une vente
» n'est pas réelle, étant sans effet à l'égard des tiers,
» l'acquéreur qui a donné la Contre-Lettre peut
» valablement transmettre la propriété à un tiers
» de bonne foi. (Voyez l'arrêt de la Cour de
Cassation du 18 décembre 1810; Sirey, tom. 11,
1.re partie, pag. 83).

« Ainsi tout acte portant qu'une vente publique
» est feinte ou simulée, en un mot qu'elle n'est
» pas réelle, est considérée comme une Contre-
» Lettre, qui ne peut-être opposée à des tiers,
» quand même elle serait passée devant Notaire,
» puisqu'à leur égard le code ne donne pas plus de
» force aux Contre-Lettres notariées qu'aux autres.

On remarque de suite que M. Toullier ne parle
que des Contre-Lettres notariées, mais ce qu'il dit
doit évidemment s'appliquer aux Contre-Lettres sous
seing-privé, enregistrées. La question, dans les deux
cas, doit être décidée dans le même sens, puisque l'enregistrement confère une date à l'acte, de
même que l'authenticité.

Voici donc M. Toullier et M. Merlin en opposition sur l'un des principes le plus importans de
la matière, sans avoir discuté la question, sans
qu'ils aient pensé même qu'elle pût faire doute.

Pour soutenir l'opinion de M. Toullier, on peut
dire comme lui d'abord, que l'art. 1521 se trouve
sous la rubrique du titre authentique, et que du
moment où le législateur a déclaré sous ce titre que
les Contre-Lettres ne produiraient pas d'effet contre
les tiers, il a entendu parler des Contre-Lettres

authentiques comme des autres, et par conséquent des Contre-Lettres enregistrées ;

2.° On peut ajouter que les plus graves inconvéniens résulteraient du système contraire, puisqu'au moyen de l'authenticité donnée à la Contre-Lettre, ou de l'enregistrement qui pourrait avoir lieu le même jour que la passation de l'acte principal authentique, on pourrait porter le plus grand préjudice aux intérêts des tiers, qui ignoreraient l'existence de ces Contre-Lettres, et qui traiteraient avec les parties sur le vû seulement de l'acte authentique ;

3.° Qu'il est possible de trouver peut-être certains cas dans lesquels les Contre-Lettres n'ont rien de frauduleux, mais que, généralement parlant, ces actes sont entachés de dol, et que le législateur ne s'occupant que de ce qui arrive le plus souvent, *de eo quod plerum que fit,* n'a pas dû reposer sa pensée sur ces cas très-rares, et causer, par cette considération secondaire, des malheurs inévitables. Enfin, que si le législateur avait supposé que l'enregistrement ou l'authenticité pût donner un effet quelconque aux Contre-Lettres, la disposition de l'art. 1321 devenait absolument inutile, puisqu'alors les Contre-Lettres se trouvaient régies par le droit commun, et que par conséquent il était superflu de créer une disposition prohibitive qui ne devait produire aucun résultat. Cette raison surtout me paraît décisive.

Pour l'opinion de l'auteur du *Répertoire* on peut répondre :

1.° Que le législateur se trouvait presqu'obligé

de placer l'art. 1321 sous la rubrique du titre authentique, puisque l'on ne peut supposer qu'on fait
une Contre-Lettre pour détruire ou restreindre un
acte sous seing-privé, que la Contre-Lettre a toujours lieu après un acte authentique et contre cet
acte, et qu'alors il était naturel que l'art. 1321 se
trouvât dans ce titre ;

2.° Que d'ailleurs il était de principe dans l'ancienne jurisprudence, que les Contre-Lettres notariées, et par conséquent les Contre-Lettres sous
seing-privé, enregistrées, eussent date certaine, à
partir de l'enregistrement, et par conséquent pro-
duisissent effet contre les tiers ; que pour admettre
aujourd'hui qu'un principe aussi important a été
renversé, il faut supposer une innovation législative. Or, il serait bien extraordinaire qu'il y eût
innovation lorsqu'on ne trouve aucun renseignement
à cet égard, ni dans les discours des orateurs, ni
dans la discussion devant le conseil d'état. Que
toutes les fois que les auteurs du code civil ont
changé l'ancienne législation, ils ont cru devoir
donner le motif de ce changement ;

3.° Que d'ailleurs il existe des cas où on peut
faire une Contre-Lettre sans fraude, où l'on peut
modifier un acte authentique dans les intentions les
plus pures ; refusera-t-on aux parties le droit de donner une date à l'acte qui constate ces modifications ?

Que dans la discussion qui a eu lieu au conseil
d'état, M. Berlier, en répondant à M. Duchâtel,
qui demandait qu'on proscrivît d'une manière absolue les Contre-Lettres, s'exprime ainsi :

3

« Dans cette foule d'autres contrats qui ont lieu
» entre les hommes, ne serait-il pas souvent in-
» juste de ne considérer comme valable que l'acte
» authentique, en rejetant les modifications con-
» tenues dans la Contre-Lettre? Ne serait-ce pas
» dénaturer les conventions? et le législateur le doit-
» il, lors surtout qu'il peut y avoir des Contre-
» Lettres qui n'aient point eu pour objet de dé-
» guiser la convention primitive, mais d'en fixer
» le sens, ou d'en réparer les omissions?

Que l'on voit, par ces expressions, que les législateurs ont reconnu que toutes les Contre-Lettres
n'étaient pas frauduleuses.

4.° Enfin, que tout en donnant une date à la
Contre-Lettre, les tiers n'en souffriront pas, autant
qu'on pourrait le croire au premier coup-d'œil;
qu'en effet l'individu qui voudra se servir de la
Contre-Lettre sera obligé de l'opposer aux tiers, et
qu'alors les tiers auront l'action de dol pour anéantir
cette Contre-Lettre; que le succès de cette action
ne présentera pas de grands obstacles, puisque s'il y
a simulation, ou concert frauduleux entre les parties
contractantes, la Contre-Lettre devra nécessairement prouver cette fraude, ou la laisser fortement
entrevoir, et qu'alors elle servira, ou de preuve
complète, ou de commencement de preuve par
écrit. Qu'autrefois, l'authenticité, et dès-lors l'enregistrement, donnait date aux Contre-Lettres contre
les tiers; que pendant plusieurs siècles la monarchie
française a été régie par cette jurisprudence, sans
que personne s'élevât contre les abus qu'elle pou-

vait produire; que dès-lors c'est une preuve que l'action de dol, dirigée par la partie qui se prétend lésée, suffit pour la sanction de la loi et la tranquillité des parties intéressées.

Telles sont les raisons principales, je crois, de part et d'autre; et dans l'incertitude où l'on pourrait être sur la décision de cette question, j'ai cru que pour trancher la difficulté, il suffisait de s'entendre sur le sens que l'on doit donner au mot *Contre-Lettre.* En même-tems et par cela même, je déterminerai dans quel cas un acte qui déroge à un acte antérieur, doit avoir cette qualification.

En effet, s'il y a Contre-Lettre toutes les fois qu'un acte modifie un acte fait précédemment, et si l'art. 1321 s'applique à tout acte qui déroge à un autre acte, il est évident que le législateur, en raisonnant dans cette hypothèse, n'a pas voulu refuser une date, et un effet, à cette multitude innombrable de conventions secondaires, qui expliquent, restreignent des conventions primitives, ou y ajoutent; et alors, toujours en raisonnant dans ce cas, la disposition de l'art. 1321 devrait être modifiée par l'art. 1328, d'après l'opinion de Merlin.

Mais, si au contraire dans le mot *Contre-Lettre* on ne doit comprendre qu'un acte contenant la reconnaissance qu'un autre acte principal n'est pas sérieux, qu'il est simulé en totalité, ou au moins en partie, alors l'art. 1321 est étranger à l'art. 1328; l'art. 1321 renferme une disposition exceptionnelle, exhorbitante du droit commun, et qui, par cela même, doit être renfermée dans les limites les plus étroites.

Alors enfin, les Contre-Lettres, entendues dans ce sens, ne doivent jamais avoir d'effet contre les tiers : quand bien même elles seraient authentiques ou sous seing-privé, on les repoussera.

Tous les documens que l'on puise dans les anciens écrits des docteurs, prouvent que par Contre-Lettre on entendait autrefois, il est vrai, un acte qui expliquait le sens qu'on devait donner à un premier acte non sérieux, mais que dans ce mot on comprenait également tout acte dérogeant à un autre acte, et servant à l'expliquer, à l'étendre ou à le restreindre. (Voir les observations sur l'ancien droit, à la fin de ce chapitre.) Mais aujourd'hui tout acte qui explique, étend ou restreint une convention précédente, n'est pas par cela seul une Contre-Lettre. (1) Maintenant, il n'y a Contre-Lettre que lorsque le premier acte n'est pas sérieux ; lorsqu'il renferme une simulation, et que la Contre-Lettre représentée en contient la preuve ; lorsque le second acte, nous le répétons, renferme la reconnaissance de la simulation totale ou partielle du premier. Alors, faites enregistrer cette Contre-Lettre, si vous voulez. Si elle est produite, on n'examinera pas si elle a une date, mais seulement si elle peut préjudicier à tel ou tel, et il suffira qu'elle prouve l'existence d'une simulation nuisible, pour qu'on ne lui reconnaisse de force qu'entre les parties qui l'ont signée.

Qui décidera que le premier acte n'était pas sé-

---

(1) Nous n'entendons pas parler de ce qui a trait au Contrat de Mariage. V. le § 3 de la seconde partie.

rieux? les Magistrats : et cette question rentrera nécessairement dans le domaine du droit, et en même-tems, de la conscience du juge.

La preuve de la simulation ne sera pas soumise à des témoignages incertains, elle résultera des actes eux-mêmes, et de leur contenu. Je crois donc avoir bien défini la Contre-Lettre par ces mots :

« Une obligation secrète qui sert à modifier une » obligation ostensible et simulée ».

Et je suis ainsi arrivé au terme de ces réflexions, dont résultent la conséquence, 1.° que tout acte qui modifie un acte précédent, n'est une Contre-Lettre que lorsque le premier est entaché de simulation ; 2.° que l'enregistrement ou l'authenticité de ces Contre-Lettres est sans résultat contre les tiers : c'était le but de ce paragraphe.

Observations sur l'ancien Droit.

La lecture des anciens ouvrages fait naître la pensée que la simplicité des mœurs de nos pères s'accordait mal, sans doute, des détours et des difficultés que paraissait leur présenter l'usage des Contre-Lettres ; ce qui donne quelque poids à cette idée, c'est qu'au moment où écrivaient nos anciens juris-consultes, si savans d'ailleurs, la législation et la juris-prudence, qui souvent sont le miroir des mœurs, étaient dans l'état le plus imparfait sur cette matière : en voici la preuve. 1.° Il était de principe, suivant Henrys, T. 1.er, pag. 277, 1.re colonne, que lors-qu'il n'y avait pas eu d'intervalle entre la Contre-

Lettre et l'acte principal, la Contre-Lettre produisait son effet à l'égard des tiers. D'après la règle de Dumoulin, « *Contractus circa idem facti, eadem* » *die etiam in diversis instrumentis censentur cor-* » *respectivi, et inesse mutuâ contemplatione facti,* » *et unus contractus* ».

Or, cette règle est vicieuse. En effet, la circonstance qu'il n'y a pas d'intervalle entre les deux actes, ou qu'il y en a plus ou moins, n'empêche pas que les tiers ne puissent être lésés ;

2.º Le même auteur parle d'un arrêt cité par Leprestre, par lequel il fut jugé qu'une déclaration, ou Contre-Lettre, ne pouvait préjudicier aux créanciers intermédiaires ; mais c'est, dit-il, parce que cette déclaration était postérieure ; de sorte que si elle avait été antérieure aux actes qui constataient les droits des créanciers, elle eût eu effet contre eux, lors même qu'ils ne l'eussent pas connue. Nouvelle facilité pour tromper les tiers.

3.º D'après tous les auteurs, et particulièrement d'après Denizart et Ferrière, l'authenticité de la Contre-Lettre ou sa reconnaissance en justice, suffisait pour qu'elle pût être opposée aux tiers. Ils étaient probablement, par cela seul, présumés en avoir eu connaissance ; c'était encore un moyen bien commode pour qu'ils fussent les dupes de leur trop de confiance et de leur bonne foi. Ces simples observations suffisent pour prouver que l'attention du législateur et des tribunaux, n'avait pas encore été appelée sur cette matière, au moment de la promulgation du code civil, et démontrent en même tems la supériorité de nos nouvelles lois, malgré toutes leurs imperfections.

Nous avons dit ensuite que le mot *Contre-Lettre* embrassait sans doute, autrefois, les actes qui avaient pour but de modifier d'autres actes simulés, mais qu'il embrassait également toutes les conventions qui avaient pour objet d'expliquer, d'étendre ou de restreindre des conventions précédentes.

Ce qui prouve la vérité de cette observation, c'est 1.º la définition de la Contre-Lettre, que l'on trouve dans les anciens auteurs. C'est un acte secret, disent-ils, par lequel on déroge à un autre acte, pour en étendre, en expliquer ou en restreindre les conventions. Ils ne parlent pas de simulation.

2.º La discussion au conseil d'état, où l'on voit que M. Berlier entendait encore le mot *Contre-Lettre* dans ce sens (V. ci dessus, page 17.) ;

3.º Les exemples cités par quelques anciens auteurs: « Si dans un contrat de vente, dit Domat, le » vendeur s'oblige à garantir de toutes évictions, » et que, par une Contre-Lettre, l'acheteur recon- » naisse qu'il consent que le vendeur ne demeure » garant que de ses faits et promesses, la contra- » riété de ces deux conventions n'aura pas l'effet » d'anéantir l'une et l'autre, car on voit que l'in- » tention des parties est que le contrat subsiste » avec la condition réglée par la Contre-Lettre ».

Or, certainement, dans notre droit actuel, et d'après la disposition de l'art. 1321, il n'y aurait pas Contre-Lettre dans une espèce semblable, car

le second acte ne prouverait pas la simulation du
premier; il ne renfermerait qu'une modification
légitime de l'obligation primitive; modification qui
produirait son effet, à partir de l'enregistrement de
l'acte qui la contiendrait, et qui, en un mot, serait
réglée par l'art. 1328, et non par l'art. 1321. En vain
les tiers qui auraient traité avec l'acquéreur vien-
draient-ils lui dire qu'il leur a caché l'existence
de la prétendue Contre-Lettre; ils auraient alors,
dans ce cas, l'action de dol contre l'acquéreur,
mais ils ne pourraient pas repousser le second acte
comme Contre-Lettre, en prétendant qu'il ne peut
produire aucun effet à leur égard.

4.° La justesse de notre observation résulte enfin
de la circonstance particulière, que sous l'ancien
droit l'authenticité d'une Contre-Lettre lui donnait
effet contre tous. Or, comme l'on ne peut pas
croire que l'ancienne législation laissât les droits
des tiers à la merci du premier intrigant, il faut
admettre alors que dans le mot *Contre-Lettre* était
compris toutes les modifications possibles aux actes
principaux; mais que, lorsqu'il y avait fraude, ceux
qui se prétendaient lésés, intentaient alors, contre
les auteurs de la Contre-Lettre, l'action de dol,
action qui ne présentait pas, ainsi que nous l'avons
déjà dit, des inconvéniens graves, puisque la Contre-
Lettre renfermait alors la preuve complète, ou au
moins un commencement de preuve de la simulation frauduleuse de l'acte principal.

§. III.

Une Contre-Lettre qui a pour objet d'augmenter le prix d'une vente, est-elle nulle, même entre les parties ?

Le code civil, art. 1321, décide que les Contre-Lettres doivent produire leur effet entre les parties contractantes ; ce principe est vrai, en thèse générale, mais il n'est pas sans exception, car, d'après la loi du 22 frimaire an 7, et l'autorité de deux arrêts de la Cour suprême, une Contre-Lettre qui a pour objet d'augmenter le prix d'une vente, est nulle, même entre les parties.

Nous croyons devoir rappeler ici de nouveau, le texte de l'art. 40.

« Toute Contre-Lettre faite sous signature privée, qui aurait pour objet une augmentation de prix stipulé dans un acte public, ou dans un acte sous signature privée, précédemment enregistré, est déclarée nulle, et de nul effet ; néanmoins, lorsque l'existence en sera constatée, il y aura lieu d'exiger, à titre d'amende, une somme triple du droit qui aurait eu lieu sur les sommes et valeurs ainsi stipulées ». (1)

---

(1) La loi, qu'on y fasse attention, ne frappe de nullité que les Contre-Lettres sous seing-privé. En effet, les Contre-Lettres notariées étant soumises à l'enregistrement dans des délais déterminés, comme tous les actes authentiques, il est évident que les parties n'ont pas l'intention de

4

Par suite de la disposition contenue dans cet article, il a été rendu plusieurs arrêts de Cassation, qui ont décidé que cette nullité était absolue, qu'elle avait été créée dans l'intérêt du fisc, pour empêcher la fraude; que dès-lors elle devait produire son effet, même à l'égard des parties contractantes; que par conséquent l'acquéreur qui a souscrit la Contre-Lettre a le droit de refuser de payer la somme convenue pour augmentation de prix:(Voir arrêt du 15 fructidor an 11, Sirey. == T. 4, 2.ᵉ p., pag. 22). *Répertoire de Jurisprudence*, V.ª *Contre-Lettres.*

Nous nous bornerons a rapporter le texte d'un arrêt du 10 janvier 1809 (Sirey. — T. 9.—1 — 159), par lequel la Cour de Casssation a de nouveau consacré sa première décision.

« La Cour, vu l'art. 40 de la loi du 22 frim. an 7, et attendu que la nullité prononcée par cet article est générale et sans exception ni réserve d'un effet quelconque, dans l'intérêt privé des parties; et qu'il n'est pas permis aux juges de distinguer là où la loi ne distingue pas; que la loi a voulu empêcher les vendeurs de dissimuler dans

frauder la régie, et ne peuvent pas, quand elles en auraient l'intention, effectuer cette fraude.

La loi ne frappe de nullité également que les Contre-Lettres qui ont pour objet une augmentation de prix stipulé dans un acte public; ainsi, toute Contre-Lettre qui n'a pas pour but cette augmentation, n'est pas soumise à la loi de frimaire.

Voir le §. 9.

les actes publics le véritable prix des ventes, en les privant de toute action en paiement de la partie du prix qui n'est pas portée dans le contrat ; et que ce serait contrarier l'esprit et la lettre de cette loi, que de supposer qu'après que la Contre-Lettre a été déclarée nulle, et de nul effet, l'obligation naturelle et civile de celui qui l'a souscrite , subsiste encore, et qu'on peut en chercher la preuve dans les aveux des parties ; que les aveux de l'acquéreur ne peuvent pas avoir plus de force que la Contre-Lettre qu'il a souscrite ; et qu'ils laissent subsister la dissimulation du prix, que la loi a voulu punir, casse, etc. ».

Ainsi , la nullité de la Contre-Lettre qui déguise le prix d'une vente serait tellement absolue, que le vendeur n'aurait pas d'action en justice pour se faire remettre la différence existante entre le prix porté au contrat, et le prix stipulé dans la Contre-Lettre, lors même que l'acquéreur conviendrait du fait.

Pour faciliter l'examen de cette importante question, nous croyons nécessaire de rapporter fidèlement, et dans son entier, la discussion qui a eu lieu au Conseil d'état.

Séance du 2 frimaire an 12, T. 5, pag. 301.

La Commission n'avait proposé aucun article sur les Contre-Lettres : on demanda que l'usage en fût proscrit.

« Le comte Duchâtel demande qu'on proscrive, d'une manière absolue, l'usage des Contre-Lettres qui tendent à déguiser les conventions. Il en résulte des fraudes, souvent contre les particuliers, et toujours contre le trésor public. »

Le comte Regnaud (de St.-Jean-d'Angély), dit « qu'un jugement vient d'annuler une Contre-Lettre qui ajoutait au prix d'une vente ».

Le comte Bigot-Préameneu « que les Contre-Lettres ne doivent être annulées que lorsqu'elles sont frauduleuses ».

Le comte Berlier « que la proposition du comte Duchâtel lui paraît, dans sa généralité, propre à produire un mal plus grand que celui qu'on a voulu éviter ».

« Il a été, ajoute-t-il, au titre du contrat de mariage, pourvu au sort des Contre-Lettres qui pouvaient y être relatives; et c'est en cette matière qu'il importait le plus de parer aux abus parce que c'est là qu'ils sont le plus fréquens, principalement ceux qui touchent à la substance du pacte. »

« Mais dans cette foule d'autres contrats qui ont lieu entre les hommes, ne serait-il pas souvent injuste de ne considérer comme valable que l'acte authentique, en rejetant les modifications contenues dans la Contre-Lettre? Ne serait-ce pas dénaturer les conventions? et le législateur le doit-il, lors surtout qu'il peut y avoir des Contre-Lettres qui n'aient point eu pour objet de déguiser la convention primitive, mais d'en fixer le sens, ou d'en réparer les omissions? »

« A la vérité les Contre-Lettres ont souvent lieu pour éluder ou affaiblir les droits dus au trésor public; mais c'est par des amendes, et non par la peine de nullité, que cette espèce de fraude doit-être atteinte et punie : dans aucun cas le législateur ne peut mettre sa volonté à la place de celle des parties, pour augmenter ou diminuer les obligations respectives qu'elles se sont imposées. »

Le consul Cambacérès dit « qu'il existe déjà une disposition législative contre l'usage des Contre-Lettres (Loi du 22 frim. an 7) ; mais elle ne lui semble pas juste. Ces actes doivent avoir tout leur effet entre les parties ; il suffit, pour en prévenir l'abus, de les soumettre au droit d'enregistrement, lorsqu'ils sont produits ».

Tronchet, « qu'il faut en effet distinguer : une Contre-Lettre doit être valable entre les parties, et nulle contre les tiers : or, la régie de l'enregistrement est un tiers par rapport à l'acte ».

Defermon dit « qu'il serait contre les principes d'annuler indistinctement les Contre-Lettres. L'intérêt du fisc serait beaucoup mieux assuré, si, lorsqu'elles sont produites, la peine de l'amende était infligée aux parties pour ne les avoir pas fait enregistrer ».

Duchâtel dit « que plus la peine sera forte, et plus on s'appliquera à dérober à la régie la connaissance de l'acte ».

La proposition fut renvoyée à la Section, qui rédigea l'art. 1321, tel qu'il existe dans le code.

Il résulte de cette discussion, suivant quelques auteurs, que le code civil a dérogé à la loi du 22 frimaire, et que maintenant les Contre-Lettres, même celles qui ont pour objet d'augmenter le prix stipulé dans un contrat de vente, doivent avoir effet, même entre les parties contractantes.

Nous venons de voir que la Cour de Cassation, dans ses arrêts du 13 fructidor an 11 et 10 janvier 1809, n'a pas adopté cette opinion. Cependant la même Cour, présidée par M. Henrion de Pensey, Section des requêtes, le 10 janvier 1819 (Sirey, 19 — 1 — 161), rejetant le pourvoi formé contre un arrêt de la Cour Royale d'Angers, a décidé que l'art. 4o était abrogé par l'art. 1321.

« La Cour, attendu que la Contre-Lettre, ou acte sous seing-privé, du 10 mars 1813, pour supplément de prix, étant postérieur à la publication du code civil, la matière se trouve régie par l'art. 1321 de ce code, et non par l'art. 4o de la loi de frim. an 7; rejète, etc. ».

Mais comme cet arrêt émane de la Section des requêtes, on ne peut pas dire qu'il établisse une nouvelle jurisprudence.

Par un rapprochement singulier , qui prouve dans quel état d'incertitude se trouve notre législation, et combien nos lois sont encore imparfaites, pendant que la Cour de Cassation, le 10 janvier 1819, décidait que la Contre-Lettre dont il s'agit était valable entre les parties contractantes, une autre Cour décidait le contraire, un mois après. (Cour de Metz, 17 février 1819; Sirey, 19 — 2 — 199).

MM. Delvincourt, Toullier et Duranton, ont pensé comme la Section des requêtes, que l'art. 1321 abrogeait la loi de frimaire. MM. Delvincourt et Duranton se bornent a émettre leur opinion sans

la développer ; quant à M. Toullier, voici comme
il s'exprime : (T. 8, pag. 265.)

« S'il est dans l'esprit de la loi, dit-il, dans l'élan
de l'indignation que lui inspire la disposition de la
loi de frimaire, que l'on prononce la nullité en
général, sans réserve d'un effet quelconque, dans
l'intérêt privé des parties, voilà une bien détestable législation, puisqu'elle est ouvertement en con-
tradiction avec la morale, puisqu'elle favorise ouvertement la mauvaise foi. »

« Ainsi, l'acquéreur posant le masque, peut répondre effrontément au vendeur : — Oui, le prix
réel de la terre que vous m'avez vendue est de
150,000 fr., mais le contrat n'en porte que 100,000,
et pour encourager mon impudence et ma mauvaise foi, les tribunaux m'invitent à gagner la somme
de 50,000 fr. : elle est à moi, je l'achète au prix de
mon honneur. *Virtus post nummos.* »

« On peut remarquer que les considérans de l'arrêt
de la Cour de Cassation ne répondent pas à la dérogation que fait à la loi du 22 frimaire, l'art. 1321
du code. Ceux qui auront le courage de défendre
la jurisprudence de la Cour de Cassation, pourront
répondre que, dans les affaires qui intéressent le
gouvernement, la loi commune doit céder à la loi spéciale ; d'où il suit que l'art. 40 de la loi citée, porté
pour un cas spécial et pour l'intérêt du fisc, n'a pas été
abrogé par le code. C'est le raisonnement que fait
la Cour de Bruxelles dans un arrêt du 25 mars
1812, rapporté par Sirey, T. 8, 2e. partie, pag. 351.
Car, lorsque la Cour supérieure a une fois adopté

une jurisprudence, les inférieures ne s'étudient guère qu'à trouver des raisons pour les justifier. Raison de plus pour combattre vigoureusement cette jurisprudence, quand elle est injuste ».

Quoique je n'approuve pas entièrement le mode adopté par le législateur pour parvenir à s'assurer de l'existence des Contre-Lettres, je ne partage cependant pas la manière de voir de M. Toullier ; et, pour répondre à son idée, j'aurai le courage de défendre la loi existante, et la jurisprudence de la Cour de Cassation, si toutefois il faut du courage, dans ce cas, pour parler d'après sa pensée. Je lui dirai, que s'il est contraire à la morale de voir un acquéreur profiter d'un moyen aussi peu délicat, il est également contraire à la morale de voir le vendeur et l'acquéreur s'entendre pour tromper la loi et frauder le trésor public.

L'impôt est excessif, cela est vrai ; mais la loi existe, on lui doit respect, obéissance ; et les parties qui déguisent le véritable prix, ont beau vouloir rassurer leur conscience par la défaveur qu'inspire la rigueur des droits du fisc, elles n'en manquent pas moins aux principes de la bonne foi.

Les tribunaux, et la Cour suprême par ses arrêts, ajoute M. Toullier, invitent l'acquéreur à gagner 50,000 fr. ; mais la loi, par sa disposition pénale, et la jurisprudence par l'autorité imposante de ses décisions, avertissent suffisamment le vendeur de ne pas se livrer à une pareille opération ; s'il agit malgré la volonté du législateur, c'est qu'il consent à s'exposer aux effets que cette même opération peut produire ; lui seul alors mérite des reproches.

D'ailleurs, pour renverser l'art. 40 de la loi de
frimaire, il faudrait une disposition législative. En
effet, la loi de frimaire est une loi spéciale qui
l'emporte sur la loi commune, lorsque cette loi
spéciale a été créée dans l'intérêt de l'État.

Ce principe, consacré par toutes les législations,
résulte particulièrement d'un avis du Conseil d'état,
du 10 juin 1807.

Dans l'espèce surtout, la loi spéciale doit avoir
l'avantage, puisque l'article 1321 ne règle que
l'effet des Contre-Lettres, *in generali*, tandis que
l'art. 40 de la loi de frimaire ne s'occupe que des
Contre-Lettres, *in specie*, de celles qui ont pour
objet d'augmenter le prix contenu dans l'acte de
vente, *et illud potissimum habetur quod ad spe-
ciem directum est*, d'après les principes du droit
romain, loi 80, D. *de regulis juris*. De sorte
qu'il est impossible de soutenir, en principe strict
de droit, que l'art. 1321 abroge une disposition
avec laquelle il n'a pas un rapport direct. En effet,
le principe de l'art. 1321 n'existait pas dans l'ancienne jurisprudence; alors et comme nous l'avons
démontré au §. 2, les Contre-Lettres avaient effet
même à l'égard des tiers. Dès-lors le législateur
n'a eu pour but, dans la loi nouvelle, que de con-
sacrer le principe que les Contre-Lettres ne doivent
produire d'effet qu'entre les parties contractantes
seulement, sans s'occuper en aucune manière des
lois créées dans l'intérêt du fisc, sans vouloir ni les
approuver, ni les détruire.

M'opposera t-on la discussion qui a eu lieu au

5

Conseil d'état? Les argumens qu'on peut en tirer en faveur du système de MM. Delvincourt et Toullier sont assez forts sans doute, mais cependant si l'on se pénètre bien de l'ensemble des observations émises par les législateurs, il est facile de voir que cette discussion ne renferme que des opinions diverses, des opinions qui ne sont ni fixes ni arrêtées, et dont, surtout, on ne peut tirer avantage pour abroger une loi : l'on reconnaît seulement que tous ceux qui concouraient à la discussion se sont élevés avec chaleur contre la proposition de M. le comte Duchâtel, dont M. Toullier a, probablement, oublié de rendre compte, proposition qui consistait à demander que les Contre-Lettres fussent prohibées et déclarées nulles, sans distinction. Voilà pourquoi les orateurs qui parlent après lui, disent que les Contre-Lettres doivent être valables entre les parties contractantes ; voilà pourquoi même l'un d'eux (Cambacérès) avance qu'une loi qui existe sur les Contre-Lettres ne lui paraît pas juste. Mais de cette idée à laquelle on ne donne pas suite, à l'abrogation d'une loi, il y a bien loin. La commission, qu'on le remarque, n'avait proposé aucun article sur les Contre-Lettres ; si donc on avait voulu détruire la loi de frimaire an 7, il fallait le déclarer en rédigeant l'art. 1321 ; on le devait nécessairement, puisque cette loi renfermait une disposition pénale ; puisqu'elle était connue de tous ceux qui concouraient à la rédaction du nouveau projet. Le silence des rédacteurs, dans ce cas, est une preuve qu'on a voulu laisser la question indécise et sous l'influence des tribunaux.

Pour nous convaincre de cette vérité, recherchons avec soin l'esprit qui a animé le législateur, en créant l'art. 40. On s'aperçoit qu'il renferme deux dispositions principales, bien distinctes, à l'aide desquelles la loi a voulu punir les deux parties contractantes. A l'égard du vendeur, elle lui dit : L'acte est déclaré nul par suite de votre intelligence blâmable avec l'acquéreur, vous ne pourrez rien exiger de ce qui est stipulé en votre faveur ; et à l'acquéreur, pour peine de votre fraude, vous payerez, à titre d'amende, un droit triple : les deux parties sont surprises dans un délit commun, toutes les deux doivent en être punies ; mais comme leurs délits sont différens, il doit y avoir aussi diversité de peines, et peine proportionnée à la gravité de chacun des délits.

L'acquéreur qui devait profiter de la fraude pécuniairement, est aussi pécuniairement puni par le triple droit, et le vendeur qui a fait le rôle de complice, en favorisant la fraude, ne pourra rien exiger de ce qui est contenu dans la Contre-Lettre.

On s'étonne peut-être de nous entendre traiter d'action blâmable, et regarder comme une sorte de délit, une fraude envers le fisc. Ne craignons pas de le dire : beaucoup de personnes extrêmement honnêtes et délicates d'ailleurs, ne se font pas le plus léger scrupule d'échapper au paiement des droits établis ; fermes, inébranlables dans leurs principes sur tout le reste, elles capitulent facilement avec leur conscience, lorsqu'il s'agit des intérêts du trésor. Par une illusion inconcevable, elles méconnaissent également les principes du for extérieur, et ceux même du for intérieur, qu'elles observent religieusement dans toutes autres circonstances. Le mal, on peut le dire, est devenu si commun, il a fait des progrès si rapides, il a jeté des germes si féconds dans toutes les classes de la société, que le législateur a dû penser que le seul moyen d'en arrêter le cours était de l'attaquer jusque dans sa racine, et que pour parvenir à ce résultat, il fallait rendre impossible toute espèce de complicité entre le vendeur et l'acquéreur, en effrayant le premier par la crainte de ne pouvoir obtenir un jour le paiement des sommes énoncées dans l'acte secret.

Tel a été le but des auteurs de la loi de frimaire. C'est donc un peu légèrement, ce me semble, que M. Toullier s'est livré à une sortie aussi virulente contre nos législateurs, et a traité de législation détestable, une disposition légale, qui a pour résultat certain d'empêcher des manœuvres frauduleuses entre les parties contractantes, disposition d'autant plus utile, qu'elle tend à conserver les intérêts des créanciers du vendeur, qui ne sont que trop souvent encore lésés par la dissimulation du véritable prix. Enfin, et si les tribunaux pouvaient reconnaître en ce moment que l'art. 1321 anéantit l'art. 40, ce serait détruire une loi pénale, sans la remplacer, et par conséquent ouvrir un champ libre à la mauvaise foi.

Malgré l'opinion de M. Toullier, de M. Delvincourt et de M. Duranton, malgré l'arrêt de la Cour royale d'Angers, et celui de rejet de la Cour de Cassation, je pense donc que l'art. 40 régit encore les Contre-Lettres qui ont pour but une augmentation de prix, non stipulé dans l'acte authentique. Sans doute, et s'il était possible de remplacer ce même article par une disposition qui pût assurer en même-tems les droits du trésor et des parties contractantes, sans contenir une sorte de provocation envers l'acquéreur, cette disposition serait préférable; mais jusque-là, il me semble que les Magistrats, s'ils décidaient que l'art. 1321 abroge la loi de frimaire, ne se borneraient pas à interpréter et à appliquer la loi, ils prendraient la place du Législateur, en détruisant la loi existante.

Le ministère des juges, dit M. Toullier, tom. 1.er, pag. 104, auquel je me fais un plaisir d'emprunter cette citation, est d'appliquer les lois avec discernement et fidélité, de juger suivant la loi, et non pas de juger la loi. *Meminisse debet judex, ne aliter judicet quam legibus proditum est.* Instit. de off. jud. in princip.

§. IV.

La Contre-Lettre qui, d'après l'art. 40 de la loi de frimaire an 7, est nulle, lorsqu'elle contient une augmentation de prix; doit-elle néanmoins produire son effet à l'égard des créanciers du vendeur?

La Cour royale de Paris, par arrêt en date du 2 germ. an 13, Sirey 7, 2 — 876, interprétant l'art. 40 de la loi de frimaire an 7, a créé une exception qui ne peut manquer d'attirer les regards attentifs des jurisconsultes; elle a jugé que la

nullité qui existe par rapport au vendeur, en vertu
de la loi de frimaire, n'existe pas au respect de
ses créanciers; qu'à leur égard, la Contre-Lettre
doit produire tout son effet. Ainsi, Pierre, qui a
des créanciers hypothécaires, vend à Paul l'immeuble hypothéqué, moyennant 100,000 fr.; mais
s'entendant avec Paul pour tromper ses créanciers,
on convient que l'on ne mettra sur l'acte authentique que 60,000 fr., et que l'on fera une Contre-
Lettre pour les 40,000 fr. restant.

Aux termes de l'art. 40 de la loi de frimaire
an 7, l'acquéreur Paul peut se refuser à payer à
Pierre ces 40,000 fr., cette Contre-Lettre étant
nulle entre les parties contractantes (1), mais il
sera obligé de les payer aux créanciers de Pierre,
si ceux-ci peuvent prouver l'existence de la Contre-
Lettre et le dol de leur débiteur.

ARRÊT. « Considérant, 1.° que les créanciers
opposans ou inscrits au bureau des hypothèques,
doivent être colloqués sur la totalité du prix de la
vente de l'immeuble affecté à leurs privilèges et
hypothèques, encore que le prix, qui est leur
gage, soit stipulé dans un seul ou plusieurs actes,
qu'autrement un débiteur se permettrait de ne stipuler
dans le contrat notarié qu'une partie du prix, et
le surplus dans un acte privé, dont il déroberait

---

(1) Quelqu'opinion qu'on puisse avoir sur la question
développée dans le paragraphe précédent, les deux premiers arrêts de la Cour de Cassation, et plusieurs arrêts de
Cours royales, forment en ce moment jurisprudence. J'ai dû
raisonner dans ce sens.

la connaissance à ses créanciers pour les en dépouiller, »

« Considérant aussi que la loi sur l'enregistrement, du 22 frimaire an 7, dont Guerre excipe, ne peut pas les affranchir de l'obligation de présenter l'écrit privé ou la Contre-Lettre dont il s'agit, et de rapporter à l'ordre le supplément du prix qui s'y trouvera stipulé ; car, par l'art. 40 de cette loi, conforme à l'art. 32 de la loi du 9 vendémiaire an 6, en déclarant nulle toute Contre-Lettre sous signature privée, qui aurait pour objet une augmentation de prix stipulé dans un acte public, le législateur n'a eu pour objet que de punir les seuls contractans de la contravention qu'ils commettent sciemment au droit d'enregistrement ; qu'il a voulu non-seulement dénier au vendeur l'action contre l'acquéreur, en paiement du supplément de prix contenu en la Contre-Lettre, mais encore qu'ils fussent tenus du triple droit d'enregistrement, des sommes ou valeurs stipulées dans la Contre-Lettre, dont l'existence est constatée ; que c'est donc faire une fausse application de ces lois ici, où il s'agit de l'intérêt de tierces-personnes, de légitimes créanciers qu'on a trompés à leur insu par la Contre-Lettre dont il s'agit, dans laquelle ils ne sont point parties, et que le vendeur, d'intelligence avec les acquéreurs, a voulu priver d'une partie de leur gage ; que ce serait autoriser le dol contre les créanciers, et les rendre victimes de la simulation ou de la fraude qu'ils n'ont pu empêcher, si on annulait à leur égard le titre qui la constate. »

« Ordonne que dans la quinzaine, Grandin, Delon et Guerre, comme ayant pris leur fait et cause, rapporteront la Contre-Lettre dont il s'agit, si non les condamne solidairement à payer et rapporter la somme de 50,000 fr., faisant le supplément du prix stipulé par ladite Contre-Lettre, etc. ».

Contre l'opinion émise dans cet arrêt, on dira peut-être que la loi a donné aux créanciers les moyens d'empêcher la fraude, en formant une surenchère; mais, pour adopter cette marche, la loi impose des obligations qu'on n'est pas toujours à même de remplir (1). D'ailleurs, si le débiteur, en vendant, morcèle ses propriétés, il y a presque toujours impossibilité de former une surenchère, les frais absorberaient, dans ce cas, tout l'avantage qu'on pourrait tirer de ce moyen. Enfin, les lois rendues sur le régime hypothécaire ne portent pas qu'à défaut de surenchère les créanciers seront privés du droit de réclamer contre la fraude et la simulation qu'ils découvrent, soit avant, soit après l'expiration du délai, pour surenchérir.

L'objection tirée de ce que l'on n'a pas formé une surenchère dans les délais, ne serait plausible que si les créanciers attaquaient la vente pour vilité du prix, postérieurement aux délais expirés; mais ici, que disent-ils? que le droit des créanciers hypothécaires est inhérent à la chose même, c'est un *jus in re*; que les créanciers suivent cette chose dans quelques mains qu'elle passe, que dès-lors ils

_____

(1) Voir art. 710 et suivans du Code de Procédure.

ont le droit de réclamer tout ce qui peut en provenir et augmenter leur gage: qu'à part même ce droit dans la chose, tout créancier doit avoir le droit de réclamer contre le dol employé par son débiteur, pour diminuer ses garanties, l'objection n'est donc pas fondée (1).

Cette question délicate n'en est pas une pour ceux qui soutiennent que l'art. 1321 abroge la loi de frimaire; car, puisque la Contre-Lettre dans ce cas produit effet entre les parties contractantes (entre le vendeur et l'acquéreur) à *fortiori*, elle doit produire son effet en faveur des tiers créanciers du vendeur.

Nous ne pouvons cependant nous empêcher de faire remarquer la bizarrerie de notre jurisprudence. En effet, si l'art. 40 de la loi de frimaire n'est pas abrogé par l'article 1321, la Contre - Lettre alors étant nulle par rapport au vendeur, celui-ci ne

---

(1) Cependant, je crois que pour que le principe consacré par l'arrêt reçoive une juste application, il faudrait que les créanciers dirigeassent une action de dol contre le vendeur. Se borner à conclure au rapport de la C.tre-Lettre ne me paraîtrait pas suffisant. Rien n'indique que cette marche ait été suivie dans l'espèce; car, demander au tribunal que la C.tre-Lettre soit rapportée parce qu'elle contient une augmentation de prix, c'est dire que l'immeuble n'a pas été vendu sa juste valeur; or, directement, la loi a créé un mode d'action particulier pour conserver les droits des créanciers lorsqu'il y a vente présumée au-dessous du véritable prix, la surenchère. Je pense donc que, dans un cas semblable à celui de l'arrêt de la Cour royale de Paris, il faudrait une action principale ou incidente tendante à prouver le dol du vendeur.

6

pourra rien réclamer du prix énoncé dans cet acte;
et cependant ses créanciers en auront la faculté; ainsi
des tiers pourront faire valoir des droits dont la loi
prive leur auteur. L'art. 1166 du code civil dit, que
les créanciers peuvent exercer tous les droits de leur
débiteur; ici, par une singularité frappante, la loi
de frimaire ravit au débiteur tous ses droits et la
jurisprudence les reconnaît dans la personne des tiers,
ses créanciers.

Une remarque assez importante naît encore de cet
état de choses; c'est que si, comme l'a jugé la Cour
royale de Paris, les tiers créanciers ont le droit de
faire valoir les droits dont on prive leur débiteur,
comme vendeur, il sera assez facile à ce vendeur,
auquel la loi enlève la portion du prix stipulé dans la
Contre-Lettre, de faire intervenir une personne
comme étant débiteur envers elle, dans l'instance
qu'il aurait à suivre contre son acquéreur refusant
de payer, et ce tiers intervenant, créancier supposé,
réclamerait et obtiendrait en son nom l'excédant de
prix énoncé dans la Contre-Lettre, à moins que l'acquéreur ne prouve qu'il y a intelligence entre son
vendeur et ce prétendu créancier, ce qui ne serait
pas facile.

Mais quelles sont les lois qui ne présentent pas un
côté faible? Quelles sont celles qu'on ne parviendrait
pas à violer impunément, si la morale et la religion
n'avaient pas plus d'empire sur les peuples que les
dispositions de tous nos législateurs?

§. V.

Le triple droit peut-il être perçu par la régie, lorsque la nullité de la Contre-Lettre est prononcée par les tribunaux entre les parties contractantes, comme ayant été faite au mépris de la disposition de l'art. 40 de la loi de frimaire ?

Je n'aurais pas cru nécessaire d'entrer dans des détails et de parler même de cette question si elle n'avait pas été soumise à la Cour de cassation, car elle ne me paraît pas faire le plus léger doute.

En effet, que la Contre-Lettre soit valable, qu'elle soit nulle, les parties dans l'un ou l'autre cas ont toujours voulu frauder la régie, en augmentant dans la Contre-Lettre le prix convenu par l'acte public ; et dès-lors, puisqu'il y a fraude, délit, la peine de la loi doit être encourue. C'est en vain qu'on voudrait opposer la règle : *quod nullum est, nullum producit effectum ;* on pourrait invoquer cette règle avec succès si l'on prétendait que la Contre-Lettre déclarée nulle dût produire encore quelques effets entre les contractans ; mais ici il ne s'agit seulement que de la répression d'un délit dont la preuve résulte de l'acte même représenté. Dire que dans le cas où la nullité est prononcée le triple droit n'est pas dû, c'est comme si l'on soutenait qu'un faux commis dans un acte ne devrait pas être puni parce que l'acte est nul dans la forme et déclaré sans effet entre les parties.

D'après ces réflexions, nous croyons devoir nous borner à donner le texte de l'arrêt de cassation du 15 novembre 1811.

« La Cour, vu les art. 12, 40 et 60 de la loi du 22 frimaire an 7; Attendu que l'existence de la Contre-Lettre dont il s'agit, comme pouvant fournir la preuve d'une fraude aux lois de l'enregistrement, est indépendante de la validité de l'obligation y contenue, considérée sous d'autres rapports que ceux présentés et décidés par le jugement du 25 novembre 1806, étrangers à l'administration ;

» Attendu que l'existence de ladite Contre-Lettre, comme renfermant la preuve de la fraude aux dits droits, résulte, dans l'espèce, 1.° de son contenu, en y rappelant la teneur de l'acte public et authentique de vente que les parties venaient immédiatement de passer ; du prix y énoncé, et de la déclaration précise que le prix apparent n'était pas réellement le prix convenu entre elles, indiquant le prix réel convenu ; et l'obligation par les acquéreurs d'en fournir le supplément ; 2.° des signatures desdits acquéreurs, signatures qui n'ont jamais été déniées, et qui restent constantes au procès ; 3.° de la remission volontairement faite de cette Contre-Lettre, par les acquéreurs, au vendeur seul intéressé à l'exécution ; 4.° de la nature des moyens d'opposition à la contrainte du 24 prairial de l'an 13, respectivement fournis par les parties, et finalement du concours de toutes ces circonstances réunies ;

» Attendu, qu'il suit de ce qui vient d'être dit, que l'annulation de l'acte sous seing-privé, comme contenant obligation de payer le supplément du prix, ne dispense pas de payer les droits qu'on avait voulu

frauder, et ceux en sus pour la peine encourue, conformément à l'article ci-dessus rapporté;

» Attendu d'ailleurs que, s'agissant d'un écrit sous
seing-privé présenté à l'enregistrement pour en réclamer l'exécution devant les tribunaux, il a bien
fallu nécessairement en acquitter les droits, conformément aux dispositions y contenues, et que, quels
qu'aient été les événemens ultérieurs dans l'espèce, le
maintien des droits devait être ordonné d'après le
susdit article 60 de la même loi de frimaire;
casse, etc. ».

§. VI.

*Une Contre-Lettre qui porte qu'une vente n'est
pas réelle, ne peut pas nuire aux droits d'un
tiers, second acquéreur. Elle ne peut pas non plus
préjudicier aux droits des créanciers hypothécaires
de l'acquéreur.*

Il résulte de la question ci-dessus énoncée, qu'un
acquéreur dont l'acquisition n'est que simulée, quoiqu'elle résulte d'un acte authentique, peut très-bien
transmettre la propriété à un tiers de bonne foi,
sans que ce tiers, second acquéreur, ait à redouter
d'être évincé par le premier vendeur, ou par ses héritiers. Il en résulte également que les créanciers hypothécaires de l'acquéreur ont le droit de se remplir
de leurs créances sur le prix de l'immeuble, malgré
la représentation de la Contre-Lettre par le véritable
propriétaire. Dans les deux cas, l'art. 1321 reçoit

son application; les Contre-Lettres sont sans effet contre les tiers.

Lerebours vend à Blanlot un immeuble moyennant 900 fr., et une rente viagère de 650 fr. Un an après, et sur affiches publiques, Fontenelle acquiert l'immeuble de Blanlot pour 5,000 fr.; mais Lerebours qui, dans la vente faite à Blanlot, n'avait voulu qu'avantager un de ses enfans, avait stipulé, par une Contre-Lettre faite avec Blanlot, que les biens qui lui étaient vendus en apparence, seraient remis par lui à l'enfant que Lerebours voulait favoriser.

Lerebours vint à mourir, et Blanlot n'ayant pas exécuté le fidéi-commis, le dépositaire de la Contre-Lettre la produisit; alors les enfans apprirent qu'il y avait donation déguisée, au préjudice de plusieurs d'entr'eux, et demandèrent. 1.° la nullité de la vente faite par Lerebours à Blanlot; 2.° la nullité de la vente faite par Blanlot à Fontenelle.

La première question ne pouvait souffrir de difficulté, puisque la Contre-Lettre devait produire effet entre les parties contractantes, et qu'au moyen de sa représentation, la simulation entre Lerebours et Blanlot était prouvée. Mais la seconde question était plus délicate. L'acquéreur Fontenelle soutenait que les règles générales sur la perfection de la vente, rigoureusement applicables aux parties contractantes, ne sont pas susceptibles de la même rigueur quand il s'agit d'un tiers; que l'intérêt public et la faveur des transactions sociales exigent qu'il soit tenu compte de la bonne foi des tiers acquéreurs ; et il ne paraît pas que la bonne foi de Fontenelle fut revoquée en doute ; il argumentait, d'ailleurs de la possession pendant plusieurs années, ainsi que de la licitation de l'immeuble.

Jugement du tribunal civil de Caen, et arrêt de la Cour d'appel du 11 décembre 1809, qui rejettent l'action en éviction.

Les enfans de Lerehours se sont pourvus en cassation pour violation à l'art. 2182, portant que « le vendeur ne transmet à l'acquéreur que la propriété et les droits qu'il avait lui-même sur la chose vendue ».

Ils soutenaient que le code n'admet pas des principes différens, selon qu'il s'agit de parties contractantes ou des tiers ; que la bonne foi d'un tiers acquéreur peut bien lui donner la faculté d'acquérir par la prescription de dix ans, nonobstant le vice de son titre, mais que là se bornent les effets de la bonne foi ; qu'il n'appartient pas aux tribunaux d'ajouter aux dispositions de la loi.

L'art. 731 du code de procédure leur fournissait un dernier argument. En effet cet article porte, que « l'adjudication définitive ne transmet à l'adjudicataire d'autre droit à la propriété que ceux qu'avait le saisi ». Certainement, disaient les demandeurs en cassation, si la bonne foi pouvait suppléer le titre, ce serait alors qu'un acquéreur achète publiquement, et pour ainsi dire sur la foi de l'autorité publique; mais puisqu'en ce cas même la bonne foi de l'acqué-

reur ne peut suppléer le titre, il est impossible que
cela ait lieu dans l'espèce.

M. Lecoutour, Avocat général, a conclu au rejet.

Arrêt. — « La Cour, considérant qu'en validant
la vente faite par Marin Blanlot à Edouard Fontenelle,
la Cour d'appel de Caen a fait un acte de justice, par
lequel elle n'a violé ni l'art. 1599 du code civil, ni
l'art. 2182 du même code; qu'en effet, au moment
où Blanlot a fait cette vente à Fontenelle, le contrat
de vente qui l'avait rendu propriétaire de la chose
vendue, n'était attaqué par personne : d'où il suit
qu'il ne vendait pas la chose d'autrui; que de son côté,
Fontenelle avait toute raison de croire qu'il n'achetait pas à *non domino*, puisqu'il traitait à la vue d'un
contrat authentique passé depuis plus d'un an, personne ne réclamant, et pour les biens dont la vente
était annoncée par des affiches publiques. — Rejète. »
— Sirey — 11 — 1, 84.

Il me semble que le véritable motif de décision
sur cette question doit se puiser dans l'art. 1321.
Qu'importe en effet, dans l'espèce, les principes consacrés par les art. 1599 et 2182. Qu'importe que
Blanlot ait vendu une chose qui ne lui appartenait pas;
qu'importe que le vendeur ne transmette à l'acquéreur que les droits qu'il avait lui-même sur la chose
vendue. La loi ne reconnaît aucun effet à la Contre-
Lettre, par rapport aux tiers, et Fontenelle était un
tiers à l'égard de Lerebours et Blanlot. Fontenelle
pouvait donc répondre aux héritiers: Je ne connais
que l'acte authentique, votre Contre-Lettre m'est in-
différente.

Que l'acte authentique soit simulé, qu'il soit véridique, cela est sans résultat dans l'espèce; car quel est l'acte qui prouve cette simulation? c'est la Contre-Lettre, c'est l'acte qui, aux termes de l'art. 1321, ne peut m'être opposé.

J'avouerai d'ailleurs franchement, qu'après un examen réfléchi, je n'ai pas conçu parfaitement la force des considérans de l'arrêt de la Cour de cassation; 1.° la Cour dit: « Qu'au moment où Blanlot a fait cette vente à Fontenelle, le contrat de vente qui l'avait rendu propriétaire de la chose vendue, n'était attaqué par personne, d'où il suit qu'il ne vendait pas la chose d'autrui ».

Que le contrat de vente soit attaqué ou non, il n'en est pas moins vrai que Blanlot avait signé la Contre-Lettre d'après laquelle il reconnaissait qu'il n'était pas le véritable propriétaire; donc, en vendant à Fontenelle, il vendait la chose d'autrui, et le savait fort bien; 2.° la Cour ajoute :

« Que Fontenelle avait toute raison de croire qu'il n'achetait point à *non domino* puisqu'il traitait à la vue d'un contrat authentique passé depuis plus d'un an, personne ne réclamant ».

On voit ici que c'est un arrêt purement d'équité :

1.° La Cour le reconnaît elle-même par ces mots; « attendu qu'en validant la vente faite par Blanlot à Fontenelle, la Cour de Caen a fait un acte de justice; »

2.° La Cour n'a pas invoqué l'art. 1321 qui était, suivant moi, le moyen tranchant,

3.° Elle décide, dans l'espèce, un principe très-controversé; celui de savoir si la bonne foi des tiers,

7

en matière de vente, suffit pour leur conférer un droit
de propriété sur l'immeuble, lorsque le vendeur n'est
pas le véritable propriétaire : ne faut-il pas au moins,
dans ce cas, la prescription de dix ans ? Mais nous
devons nous borner à faire apercevoir la difficulté
pour que l'autorité de la Cour suprême, et le respect
profond qu'inspire la sagesse habituelle de ses décisions, ne fasse pas accueillir trop facilement les principes qu'elle a émis dans cette circonstance. Une discussion semblable nous éloignerait trop de notre
sujet.

Arrivons maintenant au second objet de ce §., à la
question de savoir si une Contre-Lettre, représentée
par le véritable propriétaire, peut préjudicier aux
droits des créanciers hypothécaires, qui ont contracté
avec un acquéreur, propriétaire apparent ; cette
question se décide par le même principe, et ne présente pas plus de doute. La simulation étant l'ouvrage
commun des parties, elle ne peut exercer son influence qu'entre elles ; ainsi le véritable propriétaire
pourra forcer l'acquéreur à lui remettre l'immeuble ;
il lui suffira, pour parvenir à ce résultat, de repré-
senter la Contre-Lettre. Mais cette même simulation
ne pouvant pas nuire aux droits des tiers qui ont
contracté avec l'acquéreur, propriétaire apparent,
sur la vue d'un acte régulier, la Contre-Lettre ne
pourra leur être opposée, et dès-lors les créanciers
hypothécaires de cet acquéreur auront le droit de
faire vendi l'immeuble et d'en toucher le prix
malgré les réclamations du véritable propriétaire.
Pourquoi ce dernier a-t-il donné sa confiance à une

personne qui ne la méritait pas, et qui a aliéné à son profit un bien dont elle n'était, en quelque sorte, que dépositaire? On conçoit d'ailleurs que tout le système hypothécaire serait détruit, si l'on pouvait accueillir une autre opinion; toutes les transactions sociales se trouveraient arrêtées au moment même où les prê-teurs verraient s'évanouir la garantie la plus forte que la loi puisse leur accorder.

La Cour de Nîmes, par arrêt du 14 avril 1812, (Sirey, tom. 12, — 2,^{me} partie, — pag. 218) a con-sacré les droits des créanciers hypothécaires contre les réclamations du véritable propriétaire.

———————

§. VII.

La soustraction d'une Contre-Lettre peut-elle être prouvée par témoins devant les tribunaux cri-minels, avant que son existence ne soit reconnue, ou ne résulte d'un commencement de preuve par écrit?

Une obligation de 1,450 fr. est consentie par les Srs Bouilloux, au profit du Sr Desblancs. Quelques années après, des poursuites en paiement sont exer-cées par le créancier.

Quoique l'obligation portât que la somme avait été payée comptant, les débiteurs prétendaient qu'il avait existé une Contre-Lettre, donnant pour cause à l'obligation un événement incertain, lequel n'étant point arrivé, laissait l'obligation sans cause; et qu'en même tems cette Contre-Lettre prouvait que, malgré l'énonciation renfermée au contrat, la numération des espèces n'avait pas eu lieu. Les Srs Bouilloux

soutenaient en outre que cette C.^{tre}-Lettre leur avait été
frauduleusement enlevée par le créancier. Ils rendirent
plainte à la police correctionnelle, et offrirent de
prouver, par témoins, la soustraction.

Jugement du Tribunal de Mâcon qui renvoie
Desblancs de la plainte.

Appel par les Srs Bouilloux. Arrêt infirmatif de
Châlons-sur-Saône, lequel renvoie le prévenu Desblancs devant le Juge d'instruction, sur le motif que
le fait imputé à Desblancs ne serait plus une simple
délit d'escroquerie, parce que la soustraction de la
Contre-Lettre aurait été commise dans une auberge,
ce qui, aux termes de l'art. 386 du code pénal, caractérise un crime ; Que, d'après l'art. 214 du code
d'instruction criminelle, le tribunal doit, aussitôt que
le fait acquiert dans les débats le caractère de crime,
se déclarer incompétent et renvoyer sans autre examen
l'affaire devant qui de droit.

Le Sr Desblancs s'est pourvu en cassation, tant
pour cause d'incompétence que pour violation de
l'art. 1341 du code civil.

ARRÊT. — 5 avril 1817. — « La Cour, vu les
articles 408, 413 et 416 du code d'instruction criminelle, d'après lesquels la Cour doit annuler les arrêts et jugemens en dernier ressort qui ont violé les
règles de compétence ; vu aussi les art. 1341 et 1347
du code civil ; attendu que les conventions qui ont
pour objet de modifier la stipulation d'un acte antérieur, sont un pacte civil dont il ne peut-être reçu
aucune preuve par témoins, à moins que leur objet
ne soit d'une valeur moindre de 150 fr., ou qu'il n'y

en ait un commencement de preuve par écrit, ainsi
qu'il résulte expressément des articles 1341 et 1347
du code civil ; que la soustraction de la Contre-Lettre
dans laquelle il peut être prétendu que ces conventions
ont été rédigées, est un fait de fraude, excepté par
l'art. 1348 de la règle prescrite par ces articles ; »

» Mais qu'il ne peut pas y avoir eu de soustraction
de Contre-Lettre s'il n'y a pas eu de Contre-Lettre ;
qu'avant qu'il puisse être instruit par témoins sur un
fait de soustraction, il faut donc que l'existence de
la Contre-Lettre soit établie ; qu'admettre, sans cette
preuve préalable, la preuve testimoniale du fait de
soustraction, ce serait admettre implicitement, mais
nécessairement, la preuve testimoniale d'un acte
civil prétendu soustrait, et établir ainsi l'existence de
conventions civiles par un genre de preuve expressément prohibé à leur égard par les dispositions for-
melles du code civil ; »

» Et attendu que, dans l'espèce, les S.rs Bouilloux
se plaignent de la soustraction d'une Contre-Lettre,
ayant pour objet des conventions sur une valeur
excédant 150 fr. ; qu'ils ne rapportent aucune preuve
écrite ni aucun commencement de preuve par écrit
de la préexistence de cette Contre-Lettre ; qu'elle
n'était pas non plus avouée par le S.r Desblancs, à
qui il imputait de l'avoir soustraite ; que dans cet
état, la plainte des S.rs Bouilloux ne pouvait servir
de base à une instruction criminelle ; qu'en le ren-
voyant devant le Juge d'instruction compétent, le
Tribunal de Châlons - sur - Saône a donc faussement
appliqué l'art. 193 du code d'instruction criminelle,

et violé les règles de compétence, établies par la loi ;
Casso, etc. ». — Sirey — 17 — 1 — 301.

OBSERVATIONS.

L'art. 1341 défend la preuve par témoins contre
et outre le contenu aux actes. Voilà la règle générale.

Cette règle ne reçoit d'exception que dans le cas
où il y a commencement de preuve par écrit, ou bien
lorsqu'il a été impossible au créancier de se procurer
une preuve littérale de l'obligation. (Articles 1347
et 1348.)

Par exemple, dans le cas de dépôt nécessaire,
en cas d'incendie, il n'est pas libre au déposant
d'avoir une preuve écrite du dépôt ; alors le législateur lui permet de prouver le dépôt par témoins,
malgré la disposition prohibitive de l'article 1341.
Mais dans le cas de dépôt volontaire, comme le déposant a pu obtenir du dépositaire une preuve littérale, la loi (art. 1923) veut que le dépôt soit prouvé
par écrit, et alors on ne peut être admis à prouver
devant les tribunaux criminels la violation de dépôt,
qu'autant que l'on rapporte une preuve littérale, ou
au moins un commencement de preuve de l'existence
du dépôt ; c'est ce qui a été jugé par plusieurs arrêts
de cassation. Sirey — 17 — 1 — 56. Sirey 19 — 1
— 521. S. — 15 — 1 — 228.

Il est bien possible qu'il y ait une soustraction, et
par conséquent un délit, mais le législateur a pensé
qu'il valait mieux laisser échapper un criminel que
d'ébranler tout l'ordre social en dérogeant à l'article 1341. D'ailleurs, des parties pourraient supposer

un crime pour se procurer une preuve testimoniale, que l'on ne pourrait pas obtenir sans cette dangereuse supposition. Cela est affreux, mais cela malheureusement n'est pas sans exemple.

« La corruption des mœurs, dit Pothier, Traité des Obligations, T. 2, p. 365, et les exemples fréquens de subornation de témoins, nous ont rendus beaucoup plus difficiles à admettre la preuve testimoniale que ne l'étaient les Romains : pour prévenir cette subornation, l'ordonnance de Moulins de l'an 1566, art. 54, ordonne que de toutes les choses excédantes la valeur de 100 liv. (maintenant 150 fr., art. 1341), soient passés contrats, sans recevoir aucune preuve par témoins ». Cette disposition a été confirmée par l'ordonnance de 1667, titre 20, art. 2. Pothier pose ensuite les exceptions au principe général.

« Celui qui a pu, dit-il, se procurer une preuve littérale n'est pas admis à faire preuve testimoniale, et il ajoute, page 369, n.° 752 :

« On a douté avant l'ordonnance de 1667, si le dépôt volontaire était compris dans la disposition de l'ordonnance de Moulins, qui ordonne qu'il sera dressé acte de toutes choses excédant 100 liv., et en exclut la preuve testimoniale. La raison de douter était qu'on ne fait pas ordinairement d'acte par écrit des dépôts ; que celui qui prie son ami de se charger de la garde des choses qu'il lui confie, n'ose pas ordinairement demander une reconnaissance à ce dépositaire, qui ne se charge de ce dépôt que pour lui faire plaisir. Nonobstant ces raisons, l'ordonnance de 1667, tit. 20, art. 2, a décidé que le dépôt volontaire était compris dans la règle générale, et que la preuve par témoins n'en devait pas être admise; parce que celui qui a fait le dépôt a dû ou ne point faire le dépôt que rien ne l'obligeait de faire, ou lorsqu'il l'a fait, en demander une reconnaissance au déposi- taire : faute par lui de le faire, il doit courir les risques de la foi du dépositaire, et il doit s'imputer d'avoir eu trop facilement confiance en lui, s'il lui manque de fidélité ».

Revenant à la question, nous disons : sans doute que la soustraction d'une Contre-Lettre est un délit, mais cette soustraction présuppose un fait, un acte anté- rieur, une C.^{re}-Lettre qui a eu pour objet de modifier un titre ostensible, Contre-Lettre dont l'existence ne peut se prouver par témoins, s'il n'existe pas au moins un commencement de preuve écrite : point de Contre- Lettre, pas de soustraction possible, dès-lors pas de délit. Celui qui a consenti la Contre-Lettre a pu, comme dans le cas du dépôt volontaire, la rédiger en plusieurs exemplaires, et en garder un entre ses mains, ou si elle n'a pas été rédigée double il a pu en retirer une reconnaissance par écrit de la personne à laquelle elle a été confiée. Il y a donc, dans le cas d'une Contre-Lettre, même raison de décider que dans le cas d'un dépôt, et dès lors, il doit y avoir même droit; *ubi eadem ratio, idem, Jus.*

§. VIII.

L'exécution d'une Contre-Lettre peut-elle être séparée du contrat qu'elle modifie? Peut-on l'anéantir à l'aide de simples présomptions ?

Des principes qui, quelquefois, paraissent ne présenter aucun doute dans la théorie, offrent souvent de grandes difficultés dans l'application. Les faits, l'interprétation diverse qu'on peut leur donner, les allégations des parties, les actes qu'elles représentent, la couleur dont elles cherchent à parer les circonstances qu'elles croient leur être favorables, tout se réunit devant les tribunaux pour que la vérité n'apparaisse que voilée aux yeux des magistrats, et pour rendre alors épineuse l'application de certaines règles qu'on saisirait de suite si on pouvait les dépouiller de tous les accessoires dont les passions et les subtilités du droit parviennent à les environner.

Les conventions légalement formées tiennent lieu de lois à ceux qui les ont faites : *hoc servabitur quod ab initio convenit. Legem enim contractus dedit.* L. 23, D. de reg. Jur. — *Contractus legem ex conventione accipiunt.* L. 1, §. 6. D. *depositi.* Elles ne peuvent être révoquées que de leur consentement, elles doivent être exécutées de bonne foi (art. 1154 du code civil). La loi, en disant que la volonté qui a créé l'engagement peut le détruire et le révoquer par une volonté contraire, reconnaît par cela même que les conventions peuvent être modifiées par d'autres conventions ; dès-lors il est de toute évidence

8

qu'on ne peut pas séparer les différens actes qui renferment les engagemens des parties , mais qu'on doit
les réunir et les interpréter les uns par les autres :
peu importe que l'obligation secondaire soit une
Contre-Lettre, car du moment où la loi reconnaît que
les Contre-Lettres ont force entre les contractans, on
ne peut les écarter à l'aide de simples présomptions ,
on ne peut les séparer du contrat auquel elles appor-
tent des changemens quelconques pour s'en tenir
uniquement à l'acte principal. La simulation qui les
caractérise n'est pas un obstacle à leurs effets puisque
la loi ne repousse pas cette simulation, et la regarde
même comme licite entre les parties. Ainsi, toutes les
fois qu'un contrat, et les actes qui en changent les
dispositions ne sont pas attaqués pour cause de dol ,
violence ou erreur, en un mot pour les causes autorisées par les lois, on ne peut pas s'en rapporter au
contrat principal seulement , et repousser tous les
autres actes à l'aide de présomptions, quelques graves
qu'elles puissent être ; c'est l'ensemble qu'il faut voir,
c'est à la réunion de ces diverses conventions qu'il faut
s'attacher pour juger des droits des contractans et
de leurs obligations. (Voir les art. 1341, 1347,
1348 et 1353) On trouve d'ailleurs dans le code civil
une règle d'interprétation qui peut servir de guide,

« Toutes les clauses des conventions s'interprêtent
les unes par les autres, en donnant à chacune le sens
qui résulte de l'acte entier. Art. 1161 ».

L'application de ces principes bien simples a eu lieu
dans l'espèce suivante, mais après de longues et nom-
breuses contestations. Dans le courant de l'an 10, à une

époque antérieure au mois de thermidor, convention verbale entre les Srs Geyler et Jordan, banquiers à Paris; la maison Coulon, frères, et le Sr Bourrienne, associé commanditaire de ladite maison. Il est arrêté que les Srs Geyler et Jordan ouvriront en faveur des frères Coulon, un crédit de 800,000 fr., et qu'il durera trois ans; que le Sr Bourrienne, solidairement avec les frères Coulon, souscrira au profit des Sieurs Geyler et Jordan, une obligation notariée, emportant hypothèque sur ses immeubles, ainsi que sur ceux de ses associés.

5 *complimentaire an* 10. Acte notarié, passé entre les parties, par lequel le Sr Bourrienne, les frères Coulon, et les épouses de ceux-ci, « reconnaissent devoir bien légitimement au Sr Geyler, ès-nom, la somme de 800,000 fr., pour prêt de pareille somme, que lesdits Geyler, Jordan et Comp.^e ont fait auxdits Bourrienne et Coulon, tant ci-devant que ce jour, dans les mains de ces derniers, en espèces d'argent ayant cours, pour être employée par lesdits Bourrienne et Coulon à leurs affaires, et dont ils sont contens : laquelle somme de 800,000 francs, lesdits Bourrienne et Coulon s'obligent, conjointement et solidairement, rendre et payer auxdits Geyler et Jordan, etc. »; le tout sous hypothèque spéciale des immeubles désignés au contrat.

Ainsi l'obligation avait pour cause apparente un prêt d'argent, fait avant et au moment même de la passation de l'acte authentique; mais sa véritable cause était un crédit de banque qui devait s'élever à la somme du prêt annoncé. Ce détour avait pour

objet de procurer à la maison Geyler une hypothèque pour sûreté des 800,000 fr. du crédit promis. Le
même jour le S.ᵣ Geyler souscrit une déclaration, ou
Contre-Lettre explicative de la véritable cause de
l'acte notarié.

5 *vendémiaire an* 12. Geyler et Jordan forment,
contre le S.ᵣ Bourrienne et le S.ᵣ Coulon, demande
en condamnation solidaire de la somme de 800,000 f.,
énoncée en l'acte notarié. Les frères Coulon soutiennent qu'il existe une Contre-Lettre arrêtée à l'instant
de l'acte ; que, d'après cette Contre-Lettre, l'obligation notariée a pour cause véritable un crédit de
800,000 fr. que la maison Geyler et Jordan était
obligée de leur ouvrir ; et qu'ainsi ils ne sont re-
devables que des avances à eux faites, montant à
667,215 fr.

Le S.ᵣ Bourrienne soutient, de son côté, qu'il existe
une Contre - Lettre ; que l'obligation n'est qu'une
sûreté hypothécaire des crédits à ouvrir, et non pas
des crédits déjà ouverts ; qu'il n'est tenu que des avances faites depuis la date du contrat, et que celles
faites antérieurement lui sont étrangères. La Contre-
Lettre est représentée.

18 *floréal an* 12. Jugement contradictoire qui ordonne qu'avant faire droit, il soit procédé au compte
des valeurs fournies par la maison Geyler et Jordan
aux frères Coulon. Rapport d'arbitres, par lequel il
est constaté que les avances faites aux frères Coulon,
par la maison Geyler et Jordan, montent en total à
la somme de 665,228 fr. 33 cent., et que celles faites

depuis le 5 fructidor an 10, se montent à 445,715 fr.
95 cent.

8 *Vendémiaire an* 13. Jugement rendu contra-
dictoirement avec le S.ʳ Bourrienne sur son opposition à un précédent jugement, lequel, d'une
part, prononce contre lui l'homologation du rapport des arbitres, et d'autre part, le condamne au
paiement des 443,715 fr., pour les crédits ouverts
depuis le 5 fructidor an 10.

Appel interjeté par les S.ʳˢ Geyler et Jordan, en
ce que l'obligation solidaire du S.ʳ Bourrienne avait
été réduite à ces crédits, quoique suivant eux il
dût-être condamné solidairement au paiement de
toutes les avances faites aux frères Coulon, tant
depuis que même avant le 5 fructidor an 10.

Autre appel interjeté du même jugement, par le
S.ʳ Bourrienne, en ce que sa responsabilité, suivant
lui, ne devait pas même partir du 5 fructidor an
10, et qu'elle devait être limitée au montant des
crédits ouverts depuis le 5 complémentaire an 10,
date de l'acte notarié. 29 *Germinal an* 13, arrêt
rendu par la Cour d'appel de Paris, par lequel :

« Considérant qu'il est constant et reconnu que
l'obligation notariée de 800,000 fr., consentie par
Bourrienne, solidairement avec les frères Coulon,
au profit de Geyler, Jordan et Compagnie, le
5.ᵐᵉ jour complémentaire de l'an 10, n'a eu pour
objet, de la part de Bourrienne, que de garantir
par la voie hypothécaire le crédit que la maison
Geyler et Jordan ouvrirait aux frères Coulon pendant
3 ans, jusqu'à concurrence de 800,000 fr. ;

» Considérant que de leur côté, Geyler, Jordan et Compagnie, n'ont ouvert ni voulu ouvrir ce crédit important de 800,000 fr., que sous la foi et par suite de cette sûreté hypothécaire;

» Considérant que la preuve de cette vérité et reconnaissance, résulte de la lettre de Geyler, en date du 5 fructidor an 10 ; 2.° etc.

» Considérant que l'allégation insérée dans l'obligation du 5 complémentaire an 10, d'un prêt de 800,000 fr., fait tant ci - devant que ce jour, en espèces d'argent au cours, prêt dont la simulation est aujourd'hui certaine et avouée, doit absolument disparaître de la cause, et que cette obligation même ne doit y rester que pour le cautionnement hypothécaire. qui fut l'unique but des parties en le souscrivant. . . . . ;

» Faisant droit sur les appels respectifs, la Cour condamne le S.ᵉ Bourrienne, suivant ses offres, à payer aux S.ʳˢ Geyler, Jordan et Compagnie, seulement le montant des avances faites aux frères Coulon, depuis le 5 complémentaire an 10. »

Pourvoi en cassation pour violation de la loi du contrat.

15 *Août* 1816. ARRÊT rendu par la Cour de cassation, section civile, par lequel :

« La Cour, après un partage d'opinions, mais à une grande majorité ; vu les ordonnances de 1510, art. 46 ; de 1535, art. 50, chap. 8 ; et de 1539, art. 134, qui veulent que les actes et conventions non attaqués par les voies de doit, soient exécutés suivant leur forme et teneur ;

» Considérant 1.° que l'acte authentique du 5.me jour complémentaire an 10, ne contenait, de l'aveu des parties, qu'une seule fiction convenue expressément entre les contractans, qui tous étaient majeurs et libres, et que cette unique fiction consistait dans l'expression des valeurs fournies en espèces ayant cours, tandis qu'elles l'étaient réellement en crédits de banque déjà ouverts, et en une obligation présente d'en ouvrir jusqu'à concurrence de 800,000 fr.; 2.° que cet acte et la Contre-Lettre du même jour, remis du consentement des parties en dépôt dans les mains du S.r Chaudron, Notaire, contenant la déclaration du créancier que les valeurs avaient été fournies en crédits ouverts, et en crédits que sa maison s'obligeait à ouvrir, formaient ensemble la vraie convention qu'il n'était ni possible de détruire ni de diviser; 3.° que la fiction qui était convenue entre les parties, pour la solidité de leur acte et pour leur intérêt commun, ce dont aucun tiers ne se plaignait, étant bornée à la seule qualité des valeurs fournies, laissait subsister intégralement l'obligation des débiteurs, relativement au montant des crédits ouverts avant, et de ceux qui devaient l'être depuis l'acte du 5.me jour complémentaire, d'après l'obligation actuelle d'en ouvrir, contractée par la maison Geyler et Jordan; 4.° que cet acte n'a pas été attaqué pour cause de fraude, dol ou violence, ni pour aucune des causes autorisées par les lois; 5.° que l'obligation qui résultait du texte précis et littéral, tant de l'acte authentique que de la Contre-Lettre, ne pouvait-être ni susceptible d'aucun doute ni d'aucune interprétation, ni anéantie ou modifiée par de prétendues présomptions, pas plus qu'elle n'aurait pu l'être suivant la loi par la preuve testimoniale : laquelle preuve n'a pas même été ordonnée par l'arrêt attaqué, et dans le cas où elle aurait été admissible n'aurait pu être admise que sauf la preuve contraire;

« 6.° Qu'en conséquence, l'arrêt de la Cour d'appel de Paris du 3o germinal an 13, lequel a écarté de la cause la Contre-Lettre, sous prétexte de prétendues présomptions, et contre la loi due à celui que toutes les parties étaient convenues d'en rendre dépositaire de confiance et sans écrit ; lequel ensuite a déchargé le S.ʳ Bourrienne du paiement de la valeur des crédits ouverts par la maison Geyler et Jordan, à celle des frères Coulon, avant le 5.ᵐᵉ jour complémentaire de l'an 10, contre le texte précis et littéral de l'acte authentique et de la Contre-Lettre du même jour, et a réduit l'obligation du S.ʳ Bourrienne, au paiement du montant des seuls crédits qui ont été ouverts depuis la date de la signature de cet acte, est en opposition formelle à la lettre des conventions, et a violé la loi du contrat; Casse, etc. » *Journ. du Pal.*, tom. 16. — *Suplément* 1806 — *art.* 75 — *p.* 528.

La même question a reçu même solution dans l'affaire Sanzé. M. Toullier en rend compte. T. 8, pag. 270. Voir en outre Sirey, Tom. 7, 1.ʳᵉ partie pag. 178. Arrêt de rejet de la Cour de cassation, du 9 avril 1807.

§. IX.

La Contre-Lettre, sous seing-privé, portant qu'une vente est feinte ou simulée, est, relativement à la régie, considérée comme une rétrocession qui donne ouverture à un second droit de mutation.

L'art. 40 de la loi de frimaire an 7, ayant pour unique but de déclarer nulles les Contre-Lettres sous seing-privé qui contiennent une augmentation dans le prix d'une vente, celles qui ne sont pas relatives à cette augmentation prohibée du prix, celles, par exemple, qui ont pour objet de déclarer une vente simulée, doivent produire tout leur effet entre les parties contractantes; car on ne peut pas se permettre d'étendre l'art. 40 à d'autres cas que celui prévu par le législateur, puisque cet article renferme une disposition pénale. *Odia restringenda, favores ampliandi.* Toutes les autres Contre-Lettres, quelles que soient les stipulations qu'elles renferment, rentrent donc dans le droit commun et sont régies par l'article 1321 : valables entre les parties contractantes, elles sont sans effet à l'égard des tiers. Mais aux yeux de la régie, toute Contre-Lettre sous seing-privé qui porte qu'une vente est feinte ou simulée, est considérée comme une rétrocession qui donne ouverture à un second droit de mutation. C'est ce qu'a décidé un arrêt de cassation en date du 25 octobre 1808, arrêt qui est basé sur les art. 68, §. 1.er, n.° 40, et 69, §. 7, n.° 1.er, de la loi de frimaire. Sirey, tom. 10 — 1 — p. 167.

9

ARRÊT. — « Vu les art. 68 et 69 de la loi du 22 frimaire an. 7 ;

» Attendu que, dans l'espèce, l'acte public reçu par Pomayrol, notaire, le 8 août 1790, avait tous les caractères d'une vente parfaite, consentie par le S.ᵗ Treil en faveur du S.ʳ Planques, son gendre, et qu'il en résulta une mutation de propriété sujette à des droits proportionnels d'enregistrement, ainsi que les parties le reconnurent elles-mêmes, en présentant cet acte au contrôle à l'époque de sa date, et en acquittant alors les droits proportionnels auxquels cette première mutation avait donné lieu ;

» Attendu que les biens vendus par cet acte du 8 août 1790, n'ont pu rentrer dans les mains du vendeur que par le moyen d'une revente ou d'une rétrocession, sujette aux mêmes droits proportionnels que la première vente ;

» Attendu que la Contre-Lettre sous seing-privé, dont il s'agit au procès, ne pouvait, à cause de son défaut d'authenticité, avoir d'effet qu'entre les parties contractantes ; et en admettant toutes les inductions que les juges ont voulu tirer de quelques circonstances particulières de la cause, il en résulterait simplement que la Contre-Lettre aurait acquis un caractère d'authenticité au mois de mars 1792, lors de la procédure d'apposition de scellés, de cette époque, ou bien au mois de juillet 1793, par le moyen du décès du S.ʳ Planques, l'un des signataires ; mais il s'était écoulé, entre cette époque et celle de la vente consentie au mois d'août 1790, un intervalle de deux ou trois ans ; et cependant la loi n'a voulu

admettre les résiliemens dans la classe des actes soumis à un droit fixe, que dans le cas où ils auraient
été faits dans les vingt-quatre heures des actes résiliés ; d'où il suit que cette Contre-Lettre, soit qu'on
la considère dans sa forme d'acte privé, soit qu'on
veuille lui donner toute la valeur d'un acte authentique, ne pouvait être opposée à la régie, à l'effet de
lui contester les mutations qui sont résultées, et de
l'acte de vente du mois d'août 1790, et de la rétrocession qui avait opéré le résiliement de cette
vente ; qu'ainsi le Tribunal de Saint-Pons n'a pu annuler la contrainte décernée pour le droit proportionnel, relatif à cette rétrocession, sans contrevenir
aux dispositions de la loi du 22 frimaire an 7 ; et
aux art. 68 et 69 précités (1).

» Par ces motifs, la Cour casse et annule le
jugement en dernier ressort, rendu par le Tribunal
de première instance de Saint-Pons, le 4 juillet
1807, etc. »

---

(1) Art. 68, §. 1er. Actes sujets à un droit fixe d'un fr. ;
n.° 40. « Les resiliemens purs et simples faits par actes authentiques dans les vingt-quatre heures des actes résiliés ».

Art. 69, §. 7. « Seront assujétis aux droits de 4 fr. par
cent francs ; 1.° les adjudications, ventes, reventes, cessions, rétrocessions, et tous autres actes civils et judiciaires
translatifs de propriété ou d'usufruit de biens immeubles,
à titre onéreux. »

§. X.

Lorsqu'un vendeur reconnaît avoir reçu le prix comptant, et que cependant l'acquéreur, par une Contre-Lettre, déclare qu'il ne s'est pas libéré, la régie a le droit de considérer cette Contre-Lettre comme une revente donnant lieu à un nouveau droit de mutation; lors même que le vendeur se ferait réintégrer par défaut de paiement à la faveur de la Contre-Lettre.

« La Cour, vu l'art. 12 de la loi du 27 ventôse an 9, et l'art. 69, de la loi du 22 frimaire an 7;

» Attendu qu'il résulte de l'acte public, du 9 août 1807, la preuve que le prix de la vente consentie par cet acte a été payé comptant; que, vis-à-vis de l'Administration de l'Enregistrement et des Domaines, cette preuve ne peut être détruite par le jugement du 24 juin 1812, qui n'a été rendu qu'entre les parties contractantes, sur leurs simples déclarations, et sur une Contre-Lettre du contrat de vente, qui, outre qu'elle n'a acquis de date certaine que le 8 mai 1810, jour de son enregistrement, ne peut produire aucun effet contre les tiers; que dès-lors l'Administration de l'Enregistrement et des Domaines a été bien fondée à considérer la résolution du contrat de vente prononcée par ledit jugement, comme une rétrocession déguisée, assujétie au droit proportionnel réglé par l'art. 69, §. 7, n.° 1, de la loi du 22 frimaire an 7, et qu'en écartant la demande en paiement de ce droit, le Tribunal civil de Mont-

de-Marsan a fait une fausse application de l'art. 12
de la loi du 27 ventôse de l'an 9, et par suite a violé
le §. 7, n.° 1, de l'art. 69 de celle du 22 frimaire
an 7 ; par ces motifs la Cour casse et annulle, etc. ».
Sirey, tom. 15, part. 1.re, pag. 248. — Cour de
cassation. — 11 Juillet 1814.

---

§. XI.

*L'art. 40 de la loi du 22 frimaire an 7, est-il
applicable à l'augmentation de prix qui, par un
acte séparé d'un contrat de vente ou de cession,
est stipulée au profit d'un tiers auquel ce contrat
est étranger ?*

Par acte notarié du 30 ventôse an 10, Joseph
Thomas, héritier fidéi-commissaire de Philippe
Thomas, son père, abandonne tous ses biens à
Julie Thomas, sa fille, et au S.r Ducayla, son
gendre, moyennant une pension viagère de 400 fr.
Le même jour, acte sous-seing privé, par lequel
il est dit qu'au lieu d'une pension de 400 fr., les
S.r et D.me Ducayla fourniront à Joseph Thomas,
une quantité déterminée de denrées en nature, et
lui paieront en outre une somme de 100 francs en
espèces. A cet acte, intervient Jean César Thomas,
frère de Joseph, non partie dans l'acte notarié, lequel déclare renoncer en faveur des S.r et dame
Ducayla, à tous les droits qu'il pourrait exercer
contre son frère, du chef de leurs père et mère
communs ; et de leur côté, les S.r et D.me Ducayla,

en recònnaissance de cette renonciation, s'obligent
de lui continuer, après la mort de leur père et
beau-père, la pension en denrées et numéraire
qui vient d'être réglée en faveur de celui-ci.

Après la mort de Joseph Thomas, arrivée le 27
floréal an 11, Jean-César Thomas fait assigner les
sieur et dame Ducayla en paiement de la pension
stipulée à son profit, par acte sous-seing privé du
30 ventôse an 10 ; les sieur et dame Ducayla soutiennent que cet acte ne peut-être considéré que
comme une Contre-Lettre, et que la nullité absolue
en est prononcée par la loi du 22 frimaire an 7. Le
6 messidor an 11, arrêt de la Cour d'appel d'Agen,
qui, en confirmant un jugement du Tribunal de
première instance de Cahors, du 16 fructidor an 12,
et sans avoir égard à cette exception, condamne les
S.r et Dame Ducayla à exécuter la convention sous
seing-privé. Ceux-ci se pourvoient en cassation ;
mais, par arrêt du 16 février 1807, « Attendu que
l'acte sous seing-privé du 30 ventôse an 10 ne
peut, à l'égard de Jean-César Thomas, être considéré comme une Contre-Lettre, puisqu'il est le
seul qui règle les obligations contractées par les demandeurs envers ledit Thomas; la Cour rejète....».
J. du Pal., tom. 18, 2.me sém. 1807, art. 42, p. 180.

SECONDE PARTIE.

§. Ier.

Ancienne Jurisprudence sur les Contre-Lettres relatives aux contrats de mariage.

Chez tous les peuples, et dans les tems même les plus reculés, la célébration d'un mariage fut un motif de réunion pour tous ceux qui faisaient partie de la famille ; alors, et avant de consentir à l'hymen projeté les proches vérifiaient si les présens répondaient à la dignité des époux. *Intersunt parentes atque propinqui et munera probant*, dit TACITE, *de moribus Germanorum.*

Dans ces siècles où les hommes peu instruits ne conservaient aucune trace écrite de leurs traités, qui mieux que les parens pouvaient rendre un témoignage véridique des conventions matrimoniales ?

Aussi, tous les législateurs attachèrent une haute importance à ce que ces conventions, scellées par la religion, sous la foi de l'honneur et sous les yeux de la famille, ne reçussent aucun changement après l'union des époux.

La civilisation introduisit bientôt un nouveau mode d'agir ; l'écrit vint remplacer la preuve orale, et ce changement essentiel offrait de nouvelles garanties à la société ; mais comme de cette civilisation était résulté un mouvement perpétuel dans la position sociale et les besoins des hommes, on s'aperçut bientôt que ces conventions, quoiqu'écrites, avaient souvent encore besoin d'être modifiées, et par cet esprit de prudence qui présidait presque toujours aux travaux de nos pères, ils contractèrent la louable habitude d'appeler encore la famille au moment où des circonstances imprévues rendaient nécessaires des modifications aux obligations primitives.

Ils pensèrent sans doute que rien ne serait plus facile que de dénaturer le contrat de mariage si, soit avant, soit après la célébration, les contractans étaient libres d'en modifier les clauses à leur volonté, et hors la présence de ceux qui devaient s'intéresser à leur bonheur mutuel; qu'un époux, sous les apparences trompeuses d'une tendresse affectée, pourrait avoir mille prétextes pour déterminer une jeune fille, sans expérience, à changer telles ou telles dispositions du contrat; qu'une mère pourrait entraîner un jeune homme passionné a consentir des stipulations dangereuses dans leurs effets, et dont il ne pourrait, dans son aveuglement, prévoir à l'instant même les funestes conséquences.

Trop souvent les fêtes de l'hymen cachent dans les époux, et surtout dans ceux qui les entourent, des projets d'ambition ou des sentimens de cupidité contre lesquels un sage législateur devait accumuler tous les obstacles qui étaient en son pouvoir.

La jurisprudence, (arrêts de 1568, 1574 et 1583, rapportés par Henrys, tom. 1.er, au mot Contre-Lettre, p. 188,) et enfin la loi, (art. 258 de

la Coutume de Paris, et 223 de la Cout. d'Orléans),
avaient consacré cet usage de nos ancêtres (1).

L'art. 258 veut que les Contre-Lettres soient
passées en présence de tous les parens qui ont
signé le contrat de mariage; ainsi, avant le code
civil on devait appeler à la Contre-Lettre tous

---

(1) Pothier, Traité de la Communauté, tom. 1.er, p. 10,
préface, s'exprime ainsi :

« Toutes Contre-Lettres faites à part et hors la présence
des parens qui ont assisté au contrat de mariage, sont nulles ».

La Coutume comprend ici sous le terme de Contre-
Lettre, non-seulement les conventions qui dérogent et sont
contraires à quelqu'une de celles portées au contrat de mariage, mais généralement toutes les nouvelles conventions
ou donations qui ne sont pas portées au contrat de mariage.
A l'égard des actes qui ne seraient qu'explicatifs de quelqu'une des conventions portées au contrat, et qui ne contiendraient rien de nouveau, ils ne peuvent pas passer pour
Contre-Lettres, et rien n'empêche qu'ils ne soient valables.
La raison pour laquelle la Coutume déclare nulles les Contre-
Lettres faites à part et hors la présence des parens qui ont
assisté au contrat, s'aperçoit facilement. Quoique des conventions de mariage ne soient pas vicieuses pour cela seul
qu'elles ont été faites à l'insu des parens, néanmoins l'af-
fectation marquée de ces conjoints, de cacher à leurs parens et au public leurs conventions, en les faisant à part et
par un acte séparé de leur contrat de mariage, fait regarder
ces conventions comme des conventions dont les conjoints
ont eu honte, et qui doivent pour cela être présumées avoir
été dictées plutôt par la passion que par de justes motifs;
c'est ce qui a porté la Coutume à les déclarer nulles.

10

les parens, tant du côté du mari que de celui de la femme qui avaient signé le contrat (1).

Cependant la présence des parens du mari et de la femme n'était exigée que lorsque la Contre-Lettre intéressait les deux époux ; car, si l'avantage résultant de la Contre-Lettre devait profiter seulement à l'un d'eux, alors il suffisait d'appeler les parens de l'autre époux qui avaient signé le contrat. (Voir Merlin, V.° Contre-Lettre).

Pour qu'une Contre-Lettre fût valable, il fallait en outre que les changemens à faire au contrat eussent lieu avant la célébration.

Dans son 5.ᵐᵉ arrêté, M. le premier Président de Lamoignon avait proscrit absolument les Contre-Lettres qui portaient atteinte aux contrats de mariage après la célébration. « Toutes Contre-Lettres, dit-il, faites au préjudice de ce qui a été convenu et arrêté par le contrat de mariage, sont nulles, même à l'égard de ceux qui ont signé les Contre-Lettres,

---

(1) Ce que la Coutume dit, que les Contre-Lettres faites hors la présence des parens qui ont assisté au contrat de mariage, sont nulles, ne doit pas être tellement pris à la rigueur que l'absence d'un seul des parens qui ont assisté au contrat de mariage, doive indistinctement les rendre nulles. Si ce parent, en l'absence de qui la Contre-Lettre a été passée, n'était qu'un parent éloigné, et qu'elle ait été passée en présence des plus proches parens, et de ceux qui avaient le plus d'autorité dans la famille, elle doit être jugée valable. Pothier, même Traité.

Maintenant pour que la présence à la Contre-Lettre soit nécessaire, il faut qu'on ait été partie au contrat lui-même. Voir le §. 2.

et ne peuvent les conjoints durant le mariage, y
déroger par aucun acte de quelque qualité qu'il
soit, même par l'avis de tous les parens qui ont
assisté au contrat de mariage, supposé même que
la reformation soit faite pour réduire les conventions
du mariage au droit commun. »

Les donations faites peu de jours avant le contrat,
par des personnes qui devoient s'épouser, étaient
également regardées comme des Contre-Lettres,
lorsqu'elles avaient caché ces dispositions à leurs
familles et on les déclarait nulles. (Arrêt du Parlement de Paris du 19 févr. 1716.) V. le §. 6.

Celles faites entre l'un des époux et une des personnes partie au contrat de mariage, par exemple
entre un père donateur et son fils consentant à le
laisser jouir pendant sa vie de l'objet donné par le
contrat, étaient aussi considérées comme frauduleuses.
(V. Merlin, V.° Contre-Lettre ; et Brodeau-sur-
Louet, T. 1.ᵉʳ, pag. 187.)

Tel était l'état de la jurisprudence au moment
de la promulgation du code civil.

§. II.

Principes de la nouvelle Jurisprudence.

Les principes de notre nouvelle jurisprudence
reposent entièrement sur les dispositions des articles 1394 — 1395 — 1396 — 1397, ainsi conçus :

Art. 1394. — « Toutes conventions matrimoniales
seront rédigées avant le mariage, par acte devant
notaire. »

Art. 1595. — « Elles ne peuvent recevoir aucun changement après la célébration du mariage. »

Art. 1596. — « Les changemens qui y seraient faits avant cette célébration, doivent être constatés par acte passé dans la même forme que le contrat de mariage.

» Nul changement où Contre - Lettre n'est, au surplus, valable sans la présence et le consentement simultané de toutes les personnes qui ont été parties dans le contrat de mariage ».

Art. 1597. — « Tous changemens et Contre-Lettres, même revêtus des formes prescrites par l'article précédent, seront sans effet à l'égard des tiers, s'ils n'ont été rédigés à la suite de la minute du contrat de mariage ; et le notaire ne pourra, à peine des dommages et intérêts des parties, et sous plus grande peine s'il y a lieu, délivrer ni grosses ni expéditions du contrat de mariage, sans transcrire à la suite le changement ou la Contre-Lettre ».

D'après les dispositions de ces articles, on voit qu'il existe plusieurs sortes de changemens ou Contre-Lettres aux contrats de mariage, et dont les effets ont des résultats différens ;

1.º Contre-Lettres pour la confection desquelles on doit observer scrupuleusement les formalités indiquées dans les articles 1596 et 1597. Elles font alors partie du contrat de mariage même, et ont force à l'égard de tous.

2.º Contre-Lettres qui ne contiennent pas les formalités prescrites par l'art. 1596. Elles sont nulles à l'égard de tous, même à l'égard de ceux qui les

ont signées. Le législateur se sert de ces expressions :
« Doivent être constatés par acte passé dans la même
forme que le contrat. — Nul changement n'est au surplus valable sans la présence et le consentement simultané de toutes les personnes qui ont été parties
au contrat ». Expressions qui ne permettent pas de
violer impunément la loi.

3.º Contre-Lettres revêtues des formalités prescrites par l'art. 1396, mais qui n'ont pas été rédigées à la suite de la minute. Celles-là doivent produire
effet entre les parties qui les ont souscrites, mais
elles sont sans résultat à l'égard des tiers (d'après
l'art. 1397); cette disposition est de toute justice;
si la Contre-Lettre n'était pas rédigée à la suite
de la minute, les tiers pourraient être induits en
erreur en s'engageant sur le vu seul des conventions exprimées au contrat. Nous disons que ces
Contre-Lettres sont sans force à l'égard des tiers.

Un donateur, par exemple, s'engage par un contrat
de mariage à faire à l'un des époux une rente de
1,200 fr.; mais par une Contre - Lettre notariée,
passée en présence de toutes les personnes qui ont
été parties à l'acte, la rente est réduite à 800 fr.
Les créanciers de l'époux donataire pourront saisir
la rente entre les mains du donateur, et l'obliger
à payer annuellement 1,200 fr., si la Contre-Lettre
n'a pas été rédigée à la suite de la minute.

4.º Enfin, Contre-Lettres qui sont revêtues des
formalités prescrites par l'article 1396, et qui, en
outre, ont été rédigées à la suite de la minute du
contrat, mais dont le notaire n'a pas délivré expé-

dition à la suite du contrat même. Celles-là sont
valables même à l'égard des tiers, sauf leurs recours
contre le notaire (1).

---

(1) M. Delvincourt et M. Toullier ne sont pas d'accord
sur ce point. « Les Contre-Lettres, dit M. Delvincourt,
T. 3, n.º 3, de la pag. 6 des notes et explications, qui
sont revêtues de toutes les formalités requises, et qui ont
été rédigées à la suite de la minute du contrat, mais dont
le notaire n'a pas délivré expédition à la suite du contrat
même, sont valables à l'égard de tous, mais sauf le recours
en indemnité contre le notaire de la part de ceux qui ont
pu être trompés. La raison de différence avec le cas précédent (l'auteur parle des Contre-Lettres qui n'ont pas été
rédigées à la suite de la minute) est qu'ici les parties ont
fait tout ce que la loi exigeait d'elles pour la validité de la
Contre-Lettre ; elle doit donc avoir, soit en leur faveur, soit
même à leur préjudice, tout son effet ; la non insertion à
la suite de l'expédition du contrat est un fait personnel au
notaire, et dont il doit seul porter la peine ».
Ainsi M. Delvincourt pense que les créanciers ne pourraient pas poursuivre le donateur en paiement des 1,200 fr.,
et que seulement ils auraient recours en dommages-intérêts
contre le notaire. Les parties et le donateur ont fait dans
ce cas, en effet, tout ce qui dépendait d'eux pour la régu-
larité de la Contre-Lettre, en la faisant rédiger à la suite
de la minute du contrat ; mais ils ne peuvent pas répondre de la négligence ou de la mauvaise foi de l'officier
public, ou des époux, qui ont présenté aux créanciers une
grosse ou une expédition du contrat sans la Contre-Lettre
à la suite. M. Toullier, T. 8, pag. 274, dit au contraire,
que les créanciers pourront exiger du donateur le paiement
de la rente de 1,200 fr. si le notaire n'a pas transcrit la
Contre-Lettre à la suite de la grosse ou de l'expédition qu'il a
délivrée. Je pense que c'est une erreur qui lui est échappée.

Après l'énoncé des obligations imposées par le législateur pour la validité des Contre-Lettres, il est facile de s'apercevoir que notre nouvelle législation est, sur ce point, plus sévère encore que l'ancienne, elle s'efforce de réunir toutes les mesures de précaution possibles pour garantir en même tems les droits des parties et les droits des tiers. Elle fait plus, elle redoute pour les jeunes époux ces premiers momens d'abandon et de liberté; elle veut les préserver de ces dispositions d'entraînemens par lesquelles ils pourraient porter atteinte aux clauses du contrat, et persuadée que la prudence de l'âge mûr peut seule tempérer l'ardeur imprévoyante des passions du jeune âge, elle appèle alors près des époux tous ceux qui ont été parties dans cet acte de la vie entière, et elle exige leur consentement simultané pour la validité de ces nouvelles conventions.

§. III.

Malgré la disposition prohibitive de l'art. 1595 du code civil, peut-on faire des changemens au contrat après la célébration du mariage?

Il existe sur cette question un arrêt de la Cour royale de Dijon, en date du 17 juillet 1816, Sirey, 18, 2, p. 129. Comme je ne partage pas l'opinion énoncée dans l'arrêt, je crois devoir entrer dans quelques développemens à cet égard.

Le 23 avril 1805, contrat de mariage entre le S.ʳ Monnier et la D.ˡˡᵉ Prince.

Par cet acte, les sieur et dame Prince, père et mère de la future épouse, « lui constituent en dot la somme de 1,000 fr. de pension par an, payable par eux, de sémestre en sémestre, pendant la vie du survivant des constituans, auxdits futurs époux, pendant la vie de la future épouse, ou du survivant de ses enfans légitimes.... sans pouvoir exiger d'autres biens, des successions desdits sieur et dame Prince, avant le décès du survivant d'eux. »

Il faut remarquer que l'acte ne porte point de spécification de capital, ni de constitution d'hypothèque pour sûreté de la rente.

Peu de jours après, le mariage est célébré.

Deux années s'écoulent, et le 27 mars 1807, les sieur et dame Prince et les sieur et dame Monnier ajoutent une nouvelle stipulation au contrat de mariage du 23 avril 1805 ; dans cet acte, les sieur et dame Prince « déclarent que leur volonté, en constituant la rente de 1,000 fr., n'a point été de conserver le capital, *qu'ils fixent ici à 20,000 francs;* qu'au contraire ils consentent qu'il devienne exigible à la volonté des sieur et dame Monnier, et pour assurer le capital et le service de ses intérêts, jusqu'à l'époque du remboursement, lesdits sieur et dame Prince déclarent affecter et obliger tous leurs biens, et *ils hypothèquent spécialement et jusqu'à concurrence d'une somme double de* 40,000 *fr., le domaine de,* etc. »

Les choses restèrent en cet état jusqu'en 1815, sans même que les mariés Monnier prissent inscription ; ce ne fut que le 28 octobre 1815 qu'ils firent inscrire leur créance sur les sieur et dame Prince ; et dix-huit jours après, c'est-à-dire le 14 novembre, le sieur Prince tomba en faillite.

Antérieurement à la faillite, le S.ʳ Mamès Jarrin, créancier du S.ʳ Prince, avoit commencé contre lui une poursuite en saisie immobilière.

Les biens saisis furent adjugés le 3 avril 1815, et l'on ouvrit un ordre pour la distribution du prix.

Les mariés Monnier demandèrent à être colloqués pour une somme de 40,000 fr., en vertu de leur contrat de mariage, et de l'acte additionnel du 27 mars 1807.

Les syndics de la faillite s'opposèrent à cette collocation, soutenant que l'acte du 27 mars étoit une véritable Contre-Lettre qui, ayant apporté des changemens aux conventions matrimoniales, postérieurement à la célébration du mariage, étoit nulle, aux termes de l'art. 1395 du code civil.

Ils soutenaient, en outre, que cet acte et l'inscription prise en conséquence étaient frauduleux.

Les époux Monnier repoussaient les soupçons de fraude, et disaient, que l'acte ne pouvait être annulé, par cela seul qu'il renfermait en leur faveur des avantages plus étendus que ceux portés en leur contrat de mariage ; qu'aucune loi ne défendait aux pères et mères d'ajouter de nouveaux dons à ceux déjà faits par l'acte contenant les conventions matrimoniales de leurs enfans ; que les changemens de cette nature n'étaient point nuls et devaient valoir comme donations.

20 *Décembre* 1815. Jugement du tribunal de pre-

11

mière instance de Mâcon, qui annule l'acte du 27 mars 1807 comme frauduleux, et rejète la demande en collocation des époux Mounier ; appel.

ARRÊT. — « La Cour , considérant que l'acte du 29 mars 1807 est vicieux sous tous les rapports ;

» Qu'il est contraire aux anciens principes, ainsi qu'à ceux proclamés par le code civil ;

» Que c'est une véritable Contre-Lettre qui attaque la substance d'un contrat de mariage et qui en détruit les clauses ;

» Que cet acte peut même être considéré comme frauduleux, et que, réprouvé par les anciennes et les nouvelles lois, les premiers juges ont dû en prononcer la cassation et n'y avoir aucun égard ;

» Par ces motifs, sans arrêter à l'appellation des mariés **Prince**, de la sentence d'ordre et distribution rendue par le Tribunal civil de Mâcon, le 20 décembre 1815, a mis et met cette appellation à néant, ordonne que ce dont est appel sortira son plein et entier effet, etc. ».

C'est un principe constant, que les conventions matrimoniales ne peuvent recevoir de changement après la célébration du mariage. Ce principe est consacré par les art. 1594 et 1595.

Les changemens faits avant la célébration doivent être constatés dans la forme déterminée par les articles 1596 et 1597.

Mais résulte-t-il de ce principe, qu'après le mariage, les père et mère ne puissent plus faire aucun avantage à leurs enfans, qu'ils ne puissent pas donner des garanties pour sûreté du paiement de la dot, augmenter cette dot, s'ils le jugent convenable; et enfin, faire toutes les stipulations qui ne portent aucun préjudice aux époux?

Un père éprouvera un accroissement considérable dans sa fortune, ou bien il sera satisfait de la conduite de ses enfans; ils auront besoin de fonds pour leur commerce, ou pour satisfaire à l'éducation de la nouvelle famille. Il aura peut-être, par des considérations puissantes, donné une dot plus élevée à un enfant qu'aux autres. Il voudra les égaliser, et la loi s'opposera à toutes ces stipulations!

Cette prohibition est si peu en harmonie avec les principes de la raison et de l'équité; le bonheur des familles est tellement intéressé à ce qu'elle n'existe pas, que l'on doit examiner ce point de droit avec toute l'attention qu'il mérite.

Envisageons la question sous ses diverses faces;

1.° Par rapport à l'augmentation de la dot.

2.° Par rapport à la garantie de la dot et à de nouvelles sûretés.

3.° Par rapport à ce qui serait obscur dans une des clauses du contrat, et aux changemens qu'on pourrait y faire lorsqu'ils ne nuisent pas aux époux.

D'abord jetons un coup-d'œil sur l'ancienne jurisprudence; on posait en principe autrefois:

« Que les Contre-Lettres, qui ne vont pas contre la substance et la teneur du contrat de mariage, qui n'en détruisent pas les clauses, ou qui n'y dérogent pas, sont valables ».

Elles étaient défendues suivant les principes du droit romain et du droit français, seulement:

« *Quando nempe fit deterior conditio dotis* ».

Donc, quand les époux trouvaient un avantage réel aux changemens introduits, quand la dot en était augmentée, *non fit deterior conditio dotis*, le changement était donc permis.

Louet, Brodeau et plusieurs autres jurisconsultes distingués ont professé cette opinion.

« Il n'y a que les Contre-Lettres qui vont contre la substance et la teneur du contrat de mariage, et qui détruisent les clauses d'icelui, ou y dérogent, qui sont défendues, *quando nempe deterior fit conditio dotis per pactum*, pour user des termes de la loi, *si unus* 27, §. *pactus ne peteret, in fine, de pact. et quando clandestinis ac domesticis fraudibus aliquid confingitur, vel id quod vere gestum est aboletur*, comme il est dit en la loi, *data* 27, *C. de Donat.*.

» Autre chose est des Contre-Lettres qui sont outre le contrat, qui y ajoutent quelque chose, l'exécutent ou expliquent ce qui est douteux et obscur, et ne changent point la disposition ni la substance des conventions et conditions d'icelui, auquel cas elles sont valables, comme il a été jugé par arrêt du 16 mars 1618. M. le premier Président de Verdun, séant en la cause de M. Mathieu Regnaut, V. Louet, V. Contre-Lettre.

D'après ces principes, consacrés par plusieurs arrêts et l'opinion des auteurs les plus recommandables, on voit que c'est par erreur sans doute que la Cour royale de Dijon a décidé que la Contre-Lettre, dont il s'agissait dans l'espèce, était en op-

position avec les anciens principes ; il est vrai que
l'arrêté de M. de Lamoignon n'est pas en harmonie avec cette jurisprudence, mais combien de
fois les magistrats n'ont-ils pas apporté des modifications aux lois existantes en les interprétant ?

Examinons maintenant la question dans ses rapports avec les lois nouvelles.

1.° Par rapport à l'augmentation de dot : un père,
comme nous le disions, a doté son premier enfant
d'une somme de 20,000 fr. ; il s'enrichit par des
spéculations heureuses dans le commerce ; il dote sa
seconde fille d'une somme de 80,000 fr. ; il veut alors
donner autant à la première qu'à celle-ci ; la loi l'en
empêchera-t-elle, sous le prétexte qu'un pareil acte
change les clauses du contrat de mariage, et doit être
considéré comme une Contre-Lettre ? Je suis loin de
le penser ; cependant il se présente une objection qui
paraît forte au premier coup d'œil.

La dot ne peut être constituée ni même augmentée
durant le mariage, dit l'art. 1543.

D'abord, cet article est sous la rubrique du chapitre III, du titre intitulé *du Régime dotal.*

Tout ce qui peut en résulter c'est que sous le régime dotal il n'est pas permis d'augmenter la dot
des époux ; mais cet article s'applique-t-il au régime
de la communauté ? non sans doute.

Quel est le motif qui a décidé le législateur à poser
le principe que, sous le régime dotal, la dot ne peut
être augmentée pendant le mariage ?

Pour apprécier cette disposition législative, il
faut se reporter aux principes fondamentaux du ré-

gime dotal. Sous ce régime la dot est inaliénable, les biens dotaux sont administrés par le mari ; et quant aux biens paraphernaux , ils sont administrés par la femme, qui peut même les aliéner avec autorisation de son mari ou celle de la justice. Or, si les biens donnés à l'épouse, pendant le mariage, étaient dotaux , alors le mari aurait un droit d'administration sur ces biens; ce droit d'administration serait plus étendu que celui qu'on a voulu lui donner au moment du contrat, puisqu'il existerait alors, sur tous les biens donnés postérieurement au mariage: En cela on changerait donc déjà essentiellement le contrat de mariage et les principes du régime dotal. Il y a plus; ces biens qui, au moment du mariage, ne sont pas compris dans la dot, ou ceux qui viennent à échoir à la femme pendant le mariage sont paraphernaux (1574); or, si l'on permettait l'augmentation de la dot, après le mariage, ils deviendraient dotaux; or, s'ils étaient dotaux, ils ne pourraient pas être aliénés, pendant le mariage, tandis que les biens paraphernaux peuvent être aliénés, du consentement du mari et de la femme.

On voit donc que cette augmentation de dot, sous le régime dotal, bouleverserait le contrat de mariage, et tout le système sous lequel la famille a préféré que les époux vécussent.

D'après ces motifs, on doit écarter entièrement de la discussion l'article 1543; alors plus de difficultés.

Les père et mère des époux peuvent, sauf la réserve, donner, pendant le mariage de leurs enfans, tous leurs biens à des étrangers, à *fortiori*, peuvent-ils les donner à leurs enfans, et ces donations ne sont évidemment que des supplémens de dot.

L'art. 2135 donne hypothèque à la femme sur les biens du mari, pour les sommes provenant de donation à elle faites pendant le mariage; donc le législateur suppose encore dans cet article que des père et mère peuvent augmenter la dot.

2.º Considérons maintenant la question par rapport aux nouvelles garanties qu'il plaît aux parens de donner à leurs enfans postérieurement au mariage. Cette garantie, c'est la loi qui l'a créée.

L'art. 1440 est ainsi conçu : La garantie de la dot est due par toute personne qui l'a constituée. L'art. 1547 renferme le même principe.

Comment donc soutenir, avec raison, que des père et mère ne pourront pas, postérieurement au mariage, accorder une hypothèque à leurs enfans, comme garantie du paiement de la dot?

Remarquons de suite que l'hypothèque, loin de porter atteinte à la substance et à la teneur du contrat de mariage, loin d'en détruire les clauses et d'y déroger ne fait qu'en assurer l'exécution; la constitution d'hypothèque y ajoute, elle y ajoute en mieux : *Fit melior conditio dotis.*

Bien plus, l'art. 1406 du code civil décide que les père et mère peuvent céder à l'un des époux un immeuble en paiement de la somme promise en dot.

Et la loi qui accorde aux père et mère la faculté de changer le mode de leur libération, ne leur per-

mettra pas de garantir, au moyen d'une hypothèque, cette même libération ? Cela paraît étonnant,
et c'est pourtant ce qu'a décidé la Cour de Dijon.
L'hypothèque d'ailleurs n'est qu'un complément
d'une obligation, dès-lors elle ajoute à l'obligation ;
elle la fortifie sans la détruire.

Il est possible que la Cour ait vu, dans la réunion
des faits, une fraude dont l'évidence aura entraîné sa
sagesse ; mais je crois, qu'abstraction faite de toute
circonstance défavorable, on doit admettre que des
père et mère peuvent donner une hypothèque pour
sûreté du paiement de la dot, puisque la loi les
astreint à la garantie de cette dot. Or, lorsque
les paiemens de la dot sont éloignés, quelle est donc
la garantie possible, si ce n'est l'hypothèque.

Des père et mère, par suite de germes de désunion,
qui ne s'élèvent que trop souvent dans les familles,
ou par la prévoyance des malheurs qu'on ne peut
éviter dans le cours entier de la vie, auront à
craindre qu'à l'échéance des paiemens, leur gendre
ne reçoive pas la dot promise, ils demanderont
à son père des garanties, celui-ci consentira une
hypothèque ; je ne vois, dans un pareil fait, rien que
d'honnête et de licite : objectera-t-on que les tiers
peuvent être lésés ? Mais 1.° l'existence de l'enfant
qui s'est uni en mariage dans l'espérance de la dot,
son intérêt, celui de ses enfans, sont aussi à considérer que l'intérêt des tiers créanciers.

2.° De deux choses l'une ; ou les créanciers sont
chirographaires ou hypothécaires. S'ils sont chirographaires, ils n'ont rien à réclamer sur les im-

meubles de leur débiteur : s'ils sont hypothécaires,
ou ils priment l'inscription du fils, ou ils viennent après lui ; s'ils la priment, ils n'ont pas à se
plaindre.

S'ils ne viennent qu'après, c'est un malheur, sans
doute, si la vente de l'immeuble et des biens en général ne leur donne pas les moyens d'être couverts,
mais c'était à eux à connaître la position de leur débiteur ; c'était à eux à ne prêter qu'après avoir consulté
sa situation hypothécaire chez le conservateur ; la
publicité des hypothèques n'a pas été instituée sans
des motifs puissans ; eux seuls par conséquent doivent s'imputer leur malheur.

Soutiendront-ils enfin que, la dot n'étant pas
exigible, on ne pouvait constituer une hypothèque ;
mais le défaut d'exigibilité n'empêche pas le débiteur de la dot de donner des garanties ; il est certainement libre, en thèse générale, d'en consentir,
surtout dans l'espèce, où la loi lui impose l'obligation
de garantir le paiement.

La cause du contrat se puise dans le commandement que lui fait le législateur. Si vous dotez, vous
êtes tenu de la garantie.

5.° Nous sommes arrivés à l'examen de notre dernière question. Les père et mère peuvent-ils expliquer ce qui leur paraît obscur dans une des clauses
du contrat, sans avoir la précaution de suivre les
formalités prescrites par les articles 1796 et 1797.

La question, considérée sous ce dernier point de
vue, ne peut souffrir de difficulté. Pothier, que
nous avons déjà cité, pag. 73, s'exprime ainsi :

« A l'égard des actes qui ne seraient qu'explicatifs de quelqu'une des conventions portées au contrat de mariage, et qui ne contiendraient rien de nouveau , ils ne peuvent passer pour Contre-Lettres, et rien n'empêche qu'ils ne soient valables ».

Ainsi toutes les conventions nouvelles qui ne seraient qu'explicatives des conventions obscures , ou dont le sens serait douteux, seront valables, sans être rédigées dans la forme d'une Contre-Lettre, et sans qu'on observe les formalités prescrites par les articles 1396 et 1397 ; mais on doit s'attendre, qu'en cas de difficulté, les tribunaux se constitueront juges de la question de savoir, si on n'a pas dépassé les bornes, si on n'a pas porté atteinte au contrat. Les magistrats, à n'en pas douter, seront sévères dans l'examen des actes postérieurs au contrat ; et ils briseront toutes les nouvelles dispositions qui, à leurs yeux, auront pour but de détruire le pacte de famille auquel, dans l'origine, les parties avaient adhéré (1).

_____

(1) Je crois devoir présenter ici quelques observations sur l'ancienne jurisprudence ; en ce qui concerne les changemens qu'on pouvait faire autrefois aux contrats, après la célébration du mariage, ayant glissé peut-être trop légèrement sur ce point, dans la discussion de la question qui nous occupe. J'ai rapporté à la page 74 l'arrêté de M. le président de Lamoignon, d'après lequel il était défendu de changer le contrat de mariage postérieurement à la célébration. Cet arrêté était en vigueur sous l'ancien droit ; et c'est probablement d'après les dispositions qu'il renferme que la Cour de Dijon a décidé que l'acte qu'on défendait

§. IV.

La convention par laquelle des pères ou mères renoncent à quelques-uns des avantages résultant de leur contrat de mariage, au profit d'un de leurs enfans, peut-elle être considérée comme une Contre-Lettre ?

Cette question ne me paraît présenter aucune difficulté sérieuse; mais cependant, comme elle a été soumise à la Cour de cassation, nous croyons.

---

devant elle était contraire aux anciens principes ; mais, en tous tems les lois et ordonnances de nos rois ont été interprétés et modifiés par les principes généraux de la jurisprudence française et romaine. Il en était de même sans doute, des arrêts de réglemens et des arrêtés de compagnies de judicature, qui n'avaient force que sous le bon plaisir du Roi. Or, malgré l'arrêté de M. de Lamoignon, la jurisprudence, dans une foule d'arrêts de plusieurs parlemens, avait consacré le principe, que les conventions de mariage pouvaient être changées postérieurement à la célébration, lorsque les changemens ne portaient pas atteinte à la dot, et loin de nuire aux époux, leur étaient avantageux. On trouvera plusieurs arrêts cités par Louet, V.° Contre-Lettre, qui ont décidé la question dans ce sens. Merlin, V.° Dot, §. 4, pag. 196, 197 et 198, donne également l'analyse de plusieurs arrêts du parlement de Provence, qui ont jugé de même. Entr'autres un arrêt du 16 mars 1714, rendu dans l'affaire de Mad. de Becheran, contre le fils de M. le président de Boulbon.

« J'étais des juges (dit M. de Bezieux, qui rend compte de cette décision, livre 5, chap. II, §. 6,) et de cet avis devoir rapporter l'espèce qui a donné lieu au procès et le dispositif de l'arrêt.

Les S.ᵉ et Dame Vidart, par leur contrat de mariage, avaient fait donation au survivant d'eux de l'usufruit des biens du prédécédé.

En 1790, ils instituèrent Jean-Joseph Vidart, leur fils, leur héritier contractuel purement et simplement, sans faire aucune réserve de cet usufruit. Quelque tems après, leurs biens furent mis sous le séquestre, à raison de l'émigration de cet enfant. Pour en faire cesser l'effet, ils provoquèrent le partage, que l'on appelait de présuccession. Il fut effectué sans que les agens du domaine réclamassent le bénéfice de l'institution, quoique dès-lors l'effet rétroactif de la loi du 17 nivôse an 2 n'existât plus.

Le S.ᵉ Vidart fils rentré en France, a été amnistié. Son père étant mort en 1808, il a réclamé l'effet de l'institution, et il a prétendu même qu'il devait recueillir les biens, sans charge d'usufruit. Sa mère a résisté à cette prétention, mais elle a succombé devant le Tribunal de première instance de Saint-Séver, par jugement du 30 janvier 1810. Elle a interjeté appel, sans succès, en la Cour de Pau. Pourvoi en cassation.

---

qui fut unanimement suivi; car, il n'y a que les Contre-Lettres qui vont contre la substance du contrat, et qui en détruisent les clauses ou y dérogent, qui soient défendues ».

La Cour de Dijon a donc évidemment erré, lorsqu'elle a dit, que les anciennes règles du droit s'opposaient à toutes modifications aux contrats, après la célébration du mariage; la jurisprudence avait modifié la sévérité du principe consacré par M. le premier président de Lamoignon.

Les conventions matrimoniales, a dit la Dame
Vidart, ne peuvent recevoir aucun changement après
la célébration du mariage, donc je n'ai pu renoncer
à l'usufruit qui m'était accordé par le contrat. Il y
a dans une pareille disposition une véritable Contre-
Lettre, prohibée même avant la promulgation
du code civil. Mais on lui répondait, qu'aucune loi ne défendait à des père ou mère de
disposer, au profit de leurs enfans, des biens qui leur
avaient été donnés par leur contrat de mariage, que
ce n'était là qu'un usage très-légitime du droit de
propriété.

ARRÊT du 15 avril 1812.

« Attendu que la renonciation faite en faveur du
fils né du mariage, pouvait être plutôt regardée comme
une exécution que comme une dérogation au contrat
de mariage, La Cour rejète. — *Journ. du Pal.*,
T. 55, pag. 491.

§. V.

*Lorsque des époux ont, par contrat de ma-
riage, stipulé une communauté, avec exclusion
des héritiers collatéraux de toute participation à
cette communauté, doit-on regarder comme nulles
toutes dispositions testamentaires émanées de l'un
des époux, ou de l'un et de l'autre, et qui auraient pour effet de rappeler les héritiers collatéraux au partage de la communauté?*

D'après la discussion à laquelle je me suis livré
dans le §. 3, on a vu, sans doute, que je pensais

qu'il était beaucoup de cas dans lesquels on pouvait modifier les conventions matrimoniales postérieurement au mariage. Cependant, d'après l'arrêt déjà cité de la Cour de Dijon, et d'après celui que nous allons rapporter, on est forcé de reconnaître que les cours tiennent fortement à ne pas s'écarter de la règle consacrée par l'art. 1595, et que, malgré les circonstances les plus favorables, pour faire fléchir la sévérité du principe, elles n'hésitent pas à proclamer par leurs décisions, que le contrat de mariage est tellement irrévocable, qu'on ne peut absolument y faire aucun changement après la célébration.

Un nommé *Jean Perray*, le 6 mars 1782, contracta un second mariage avec Anne Buret, ayant des enfans d'un premier lit; une communauté fut stipulée entre les époux, *avec exclusion des héritiers collatéraux de toute participation à cette communauté*; on convint qu'en cas de survie de la femme, sans enfans, et dans le cas où elle accepterait la communauté, le partage des meubles et effets mobiliers serait fait entre elle, et les enfans Perray, des trois quarts au quart, d'après un inventaire qui serait fait à frais communs, et qu'en cas de prédécès d'Anne Buret, Jean Perray resterait propriétaire de la totalité du mobilier, à la charge de compter aux héritiers d'Anne Buret la somme de 400 fr., qui leur était réputée propre.

Mais le 8 mars 1812, Jean Perray et Anne Buret ont fait un testament par acte séparé; tous deux donnèrent au conjoint survivant l'usufruit de tous les biens mobiliers et immobiliers, avec cette stipulation que, lors du décès du survivant des époux, le mobilier et les acquets seraient partagés par moitié entre leurs héritiers respectifs.

Anne Buret est décédée la première; son héritier en ligne collatérale, Charles-Marie Buret, ne crut pas devoir réclamer le paiement des 400 francs auxquels il avait droit en vertu du contrat, il laissa jouir paisiblement Jean Perray de la totalité des meubles.

Quelque tems après son épouse, Jean Perray meurt; alors Buret comme héritier d'Anne Buret, s'adresse aux enfans Jean Perray, et, se fondant sur le testament, réclame la moitié des meubles et acquets. Les enfans de Jean Perray le repoussent, en lui disant que les époux n'avaient pas pu, par un testament, déroger aux clauses du contrat de mariage.

Pour Buret on répondait, 1.° que Jean Perray aurait pu seul attaquer le testament de sa femme, qu'il l'avait au contraire formellement approuvé, en recueillant tous les effets des dispositions qu'il renfermait, par la jouissance qu'il avait conservée, même des propres de sa femme, et que dès-lors les enfans de Jean Perray, qui ne pouvaient avoir d'action que comme héritiers de leur père, ne pouvaient méconnaître un testament que leur père avait lui-même exécuté.

2.° Que le contrat de mariage n'était pas un obstacle à ce que Jean Perray disposât de ses biens par testament, conformément à la loi; que

Jean Perray, étant décédé sous l'empire du code civil, son testament devait recevoir son exécution jusqu'à concurrence de la portion disponible (art. 913), et que puisqu'il était libre de disposer de ses biens, il devait être libre aussi de stipuler, qu'après sa mort ce qu'il tenait de la libéralité de sa femme serait rendu aux héritiers de celle-ci.

3.° Qu'il n'y avait pas dans le testament de dérogation au contrat, puisque les dispositions du testament ne pouvaient et ne devaient produire leurs effets qu'en faveur des tiers, et après la dissolution du mariage. Malgré ces raisons : jugement du tribunal d'Ancenis et arrêt de la Cour royale de Rennes qui déboute Buret de sa demande.

« Attendu que les conventions matrimoniales sont inaltérables après la célébration du mariage, etc. »

Pourvoi en cassation de la part de Buret, et arrêt de rejet ainsi conçu :

ARRÊT de la Cour de cassation du 27 mai 1817.

« La Cour, — Attendu, sur le premier moyen, que par le testament dont excipe le demandeur en cassation, la testatrice disposait d'une chose qui ne lui appartenait pas, puisqu'aux termes de son contrat de mariage elle avait consenti l'exclusion de communauté, pour le cas relatif où elle n'aurait pas d'enfant ou descendant en ligne directe ; que la Cour, dont l'arrêt est attaqué, ayant déduit des termes du contrat de mariage, qu'il y avait exclusion formelle des héritiers collatéraux du partage de la communauté ; elle devait, ainsi qu'elle l'avait fait, repousser toute prétention du demandeur à

la communauté, sans égard à des dispositions testamentaires qui ne pouvaient porter atteinte à un
contrat de mariage, et qu'elle a fait ainsi une juste
application à la cause de l'art. 1595 du code civil,
et n'est aucunement contrevenu à l'art. 967 du même
code, qui ne permet pas de disposer de la chose
d'autrui sans son consentement. » Rejète, etc. Sirey,
tom. 18 — 1 — pag. 68.

Tout en respectant la décision rendue par la Cour
de cassation dans cette cause, on pourrait dire peut-
être contre l'arrêt :

1.° Que les époux qui ont stipulé l'exclusion de
communauté des héritiers collatéraux, dans leur
contrat, ont pu révoquer cette exclusion dans un
autre acte, d'après le principe, que la volonté qui crée
l'obligation, peut l'anéantir par une volonté contraire;

2.° Qu'il n'y a pas ici dérogation au contrat de
mariage, puisque les dispositions du testament ne
pouvaient recevoir leur exécution qu'après la dissolution du mariage; que tant que l'un des époux
existait, l'exclusion de communauté conservait tout
son effet;

3.° Que la raison qui fait proscrire tous changemens aux conventions matrimoniales, après le mariage, n'existe pas ici, où ces changemens prétendus
ne rejaillissent pas sur les époux pendant le mariage,
et ne doivent produire d'effet qu'à l'égard de leurs
héritiers; qu'en effet, en stipulant une exclusion de
communauté des héritiers collatéraux, c'est une
clause qui ne touche pas à la position particulière
des époux, ni à leurs droits pendant le ma-

15

riage, c'est une disposition qui ne concerne que des tiers ;

4.° Enfin, qu'en disant qu'aucun changement ne pourrait être fait au contrat après la célébration, la loi n'a entendu lier les époux et les parties qui ont figuré à ce contrat, que par rapport aux époux seulement, mais n'a pas voulu empêcher ces mêmes époux de modifier leurs conventions, en ce qui concernait telles ou telles personnes de leurs familles, tout-à-fait étrangères aux dispositions du contrat de mariage, et qui n'ayant droit à aucune réserve, ne pouvaient pas empêcher les époux de disposer de leur fortune, comme ils le jugeaient convenable.

§. VI.

Une donation faite par l'un des futurs époux, avant le contrat de mariage, en faveur de l'autre époux, doit-elle être considérée comme une Contre-Lettre ?

Voici ce que nous lisons sur cette question dans Pothier, Traité de la Communauté, préface, p. 10, Tom. 1ᵉʳ.

« On regarde comme Contre-Lettres, non-seulement les conventions et donations faites depuis le contrat de mariage dans le tems intermédiaire, hors la présence des parties ; mais même les donations faites peu de jours avant le contrat, par des personnes, qui se proposaient de s'épouser, et qui voulaient les cacher à leur famille. C'est ce qui a été jugé par un arrêt du 19 février 1716, qui a déclaré nulle une donation, faite entre des personnes, la veille de leur contrat de mariage; l'arrêt est rapporté par l'auteur du Traité du Contrat de Mariage ».

Henrys, Louet et tous les anciens auteurs, ont professé la même doctrine que Pothier.

Il était donc bien reconnu en principe, dans l'ancienne jurisprudence, que toutes donations, faites quelque tems avant le contrat, entre personnes qui projetaient de s'épouser, étaient regardées comme des Contre-Lettres, et comme telles annulées par les tribunaux.

On conçoit que cette difficulté a dû s'élever autrefois très-souvent, en raison de ce qu'il n'était pas permis aux époux de se faire des donations pendant le mariage (1). Or, l'époux qui craignait que les

_____

(1) Voici ce que nous lisons dans Pothier, Traité des Don., pag. 25 et 26 :

« Les maris sont incapables de recevoir durant le mariage, aucune donation entre-vifs de leurs femmes, et les femmes de leurs maris. Les lois en rapportent plusieurs raisons, et notamment les lois 1 et 2, ff. de Donat., *inter vir et uxor*, dont voici les termes : *moribus apud nos receptum est, ne inter virum et uxorem donationes valerent. Hoc autem receptum est, ne mutuo amore invicem spoliarentur, donationibus non temperantes, sed profusâ erga se facilitate. Nec esset eis studium liberos potius educendi. Sextus cæcilius et illam causam adjiciebat : quia sæpe futurum esset ut*

stipulations du contrat ne fussent pas assez avanta-
geuses pour lui, tâchait d'obtenir d'avance ce qu'il
ne pouvait espérer après le mariage, et c'est ce que
la jurisprudence tendait à empêcher.

Mais aujourd'hui que les époux peuvent se donner
pendant le mariage, ils n'ont plus d'intérêt à agir
de même.

Examinons d'ailleurs, d'après les diverses combinaisons de faits qui peuvent se présenter, la loi sous
les divers points de vue qu'elle nous offre.

1.° Ou la donation a eu lieu par le contrat de
mariage;

2.° Ou elle est faite après le contrat, mais avant
la célébration du mariage;

3.° Ou elle est faite pendant le mariage;

4.° Ou enfin, elle est faite avant le contrat de
mariage.

1.° Si elle est faite par contrat, elle est irrévocable, c'est par conséquent celle à laquelle les
époux doivent naturellement aspirer.

2.° Si elle est faite après le contrat, mais avant
la célébration, c'est évidemment une Contre-Lettre,
aux termes des art. 1396 et 1397, et alors pour être
valable, il faut qu'on ait soin d'observer religieusement les obligations imposées par les articles sus-
énoncés.

3.° Ou elle est faite pendant le mariage, et alors

---

*discuterentur matrimonia, si non donaret is qui posset : at-
que eâ ratione eventurum, ut venalitia essent matrimonia.*
Ad. d. L. 3., ff. cod. tit.

elle est toujours revocable aux termes de l'article
1096. (Grenier, tom. 2, pag. 99.)

4.° Ou enfin, elle a eu lieu avant le contrat, et
alors aux termes de l'art. 960 du code civil, elle est
révoquée par survenance d'enfant.

D'après le résultat de ces différentes hypothèses,
il est évident que tous les efforts de l'époux, aujourd'hui, tendront à obtenir une donation par
contrat, puisque c'est la seule qui soit irrévocable,
et la question ne se présentera plus, ou au moins
ne se présentera que bien rarement; mais enfin, sup-
posons que ce cas arrive, c'est à-dire que la donation ait lieu avant le contrat, et qu'il n'y ait ni
enfans ni descendans issus du mariage, cette donation
pourra-t-elle encore être considérée comme une
Contre-Lettre ?

Voici ce qu'on lit à cet égard dans M. Delvincourt, tom. 3, édit. de 1819, pag. 5 et 6 de ses
Institutes de droit civil; et pag. 6, note 1.re, de ses
notes et explications.

« Quant aux changemens qui seraient faits au
contrat de mariage, avant la célébration; ils ne sont
valables qu'autant qu'ils ont été rédigés dans la même
forme que le contrat de mariage, en présence et
du consentement simultané (1) de tous ceux qui

_____

(1) Il faut que le consentement de toutes les parties soit simultané, c'est-à-dire donné en même tems, parce que des consen-
temens séparés s'obtiennent plus facilement. Tel consent
seul, qui eût refusé, s'il avait été accompagné d'autres personnes par qui il eût pû espérer d'être soutenu.

ont été parties dans ledit contrat. La même disposition s'applique aux Contre - Lettres, et même aux
conventions, qui auraient pu être faites avant le contrat
de mariage et qui y dérogeraient; ainsi jugé par un
arrêt du 19 février 1716, rapporté par Ferrière,
dans son Parfait Notaire, et qui a annulé une donation, que deux futurs conjoints s'étaient faite la veille
de leur contrat de mariage, et dont ils n'avaient
point parlé dans ce contrat. »

Cette opinion ne me semble pouvoir être adoptée
qu'avec beaucoup de difficultés, et une poursuite
judiciaire présenterait beaucoup de dangers. De deux
choses l'une, en effet; ou l'époux donateur est mineur, ou il est majeur; s'il est mineur, la donation est
nulle (art. 903 et 904), car il ne peut donner que par
contrat de mariage (art. 1095), et alors il devient
tout-à-fait inutile de rechercher si la donation peut
être regardée comme une Contre - Lettre; s'il est
majeur, il peut aliéner, donner ses biens, en disposer comme il le juge convenable : une réserve est
établie, il est vrai, en faveur des ascendans, mais
la donation est toujours valable pour la portion
disponible.

Pour juger des droits de l'époux-futur, avant le
contrat, examinons d'abord ce qu'il pourrait faire
par le contrat. Qu'on fasse bien attention aux termes
de l'art. 1094 (1), ce n'est que lorsque le donateur

---

(1) « L'époux pourra. soit par contrat de mariage, soit
pendant le mariage, pour le cas où il ne laisserait point
d'enfans ou descendans, disposer en faveur de l'autre époux,

laisse des enfans, que la quotité de la portion disponible
est réglée par la loi ; dans tout autre cas, l'époux peut
donner à l'autre époux, tout ce dont il pourrait
disposer au profit d'un étranger ; or, comme il pourrait disposer de la totalité au profit d'un étranger,
l'époux peut donc donner, par contrat, à l'époux
futur tous ses biens, sauf la réserve à exercer par
les ascendans à l'époque du décès du donateur. Qu'a
fait l'époux en donnant avant le contrat la portion
dont il peut disposer ? Il a fait avant, ce que la loi
lui permet de faire par le contrat, et de même que
la loi n'empêche pas qu'on fasse indirectement ce
qu'on a le droit de faire directement, elle ne peut,
ni ne doit empêcher qu'un majeur dispose, avant le
contrat, des biens dont elle lui permet de disposer
par le contrat même.

Dans l'un ou l'autre cas, le majeur, époux futur, est donc libre de donner ce qu'il lui plaît, sauf
la révocation de la donation en cas de survenance
d'enfans (hypothèse que nous écartons , puisque,
dans ce cas, il n'y aurait pas de question), ou la
réduction à la portion disponible en faveur d'ascendans, existans au moment du décès du donateur.

___

en propriété, de tout ce dont il pourrait disposer en faveur d'un étranger, et, en outre, de l'usufruit de la totalité de la portion dont la loi prohibe la disposition au préjudice des héritiers ».

« Et pour le cas où l'époux donateur laisserait des enfans ou descendans, il pourra donner à l'époux, ou un
quart en propriété et un autre quart en usufruit, ou la
moitié de tous ses biens en usufruit seulement ». (art. 1094)

Rappelons-nous, d'ailleurs, que la question est de savoir, si une donation faite avant le contrat doit être considérée comme une Contre - Lettre ; or, y a-t-il Contre-Lettre à un acte, là où cet acte principal n'existe pas encore? Une Contre - Lettre suppose une dérogation quelconque à un acte fait précédemment ; dès que le contrat n'existe pas, il ne peut pas y avoir de Contre - Lettre au contrat, et dès-lors se résout de suite la question, sous le point de vue, que la donation faite avant le contrat ne pourra jamais être considérée comme une Contre-Lettre.

Cependant, en faveur de l'opinion de M. Delvincourt, on peut dire : qu'en accordant une si grande latitude aux époux par l'article 1094, on ne peut supposer que le législateur leur a laissé la faculté de violer la loi, qui ne permet la donation que par contrat ou durant le mariage; que le bienfait de la loi est soumis à une condition essentielle, c'est à celui-là seul, qui donne par contrat de mariage ; qu'elle permet d'être libéral. C'est à l'instant même où les contractans se trouvent réunis, et sous les yeux de leur famille, ou après le mariage, qu'elle permet la donation.

Mais quand bien même il y aurait ici une sorte de violation de la loi, quel serait le genre d'action que l'on pourrait diriger contre le donataire ? c'est là surtout que la difficulté augmente.

En effet, nos lois civiles ne permettent pas qu'on attaque arbitrairement les conventions , ou qu'on crée des moyens de nullité, suivant le caprice ou les passions de ceux qui voudraient anéantir les actes qui peuvent nuire à leurs intérêts.

Le code ne permet une action en nullité ou en rescision, que dans le cas d'erreur, violence ou dol ; (art. 1117) si l'époux donataire n'a employé ni la violence, ni le dol, ni la fraude pour déterminer le donateur, comment pourra-t-il agir ?

Dira-t-on que la donation faite un mois, huit jours plus ou moins avant le contrat, et dont on n'a pas parlé au moment de la signature, n'a été faite qu'en vue du mariage, et pour éviter les obstacles que le donateur rencontrait de la part de la famille, qui ne voulait pas lui permettre de se livrer à une libéralité aussi excessive ; que pour parvenir à obtenir tout ce qu'il désirait, le donataire à employé toutes les ruses, toutes les finesses que pouvait lui suggérer le désir de parvenir à ses fins, et que dès-lors, s'il n'y a ni violence, ni dol caractérisé, la donation doit au moins être annulée comme entachée de suggestion ?

Mais la suggestion, dans notre droit, n'a jamais été jugée capable de faire annuler une donation entre-vifs, à moins qu'elle ne fût en même-tems accompagnée de fraude, elle n'a jamais été reconnue comme moyen de nullité que par rapport aux dispositions testamentaires ; dans toutes autres circonstances il fallait qu'elle eût les caractères du dol.

« La suggestion n'est un moyen de cassation des dispositions, dit *Furgole*, qu'autant qu'elle est fondée sur le dol, et la preuve des faits n'est recevable que quand ils tendent à la preuve du dol,

14

c'est-à-dire que les dispositions ont été surprises par des inspirations artificieuses et frauduleuses. Ménochius, (*de Arbit. casu* 395 , *n.*° 45), et les autres interprètes du droit romain exigent, « *quod falsæ et dolosæ suggestiones adhibitæ sunt.* »

Nous voyons d'ailleurs dans le Journ. des Audiences, tom. 3 , pag. 1001, édit. 1733, que la preuve de la suggestion n'était pas admise contre les donations ; les faits de suggestion , disait M. l'Avocat-général Talon, dans une cause sur laquelle il portait la parole, ne sont jamais reçus contre une donation entre-vifs ; et d'après Basnage , et plusieurs autres autorités, il fallait avoir une preuve écrite, ou au moins un commencement de preuve écrite de la suggestion, pour parvenir à obtenir à faire la preuve.

Nos lois actuelles ayant gardé le silence sur la suggestion , il est évident que pour l'admission d'une pareille action , il faudrait que les faits articulés rentrassent dans la preuve du dol et de la fraude.

Alors il faut reconnaître que les arrêts de l'ancienne jurisprudence, d'après lesquels on regardait comme Contre-Lettres et comme nulles, toutes donations faites avant le mariage par un époux, à son futur conjoint, doivent être entièrement écartés de la question, qu'une pareille jurisprudence ne pourrait plus se soutenir aujourd'hui , et qu'une donation de ce genre ne pourrait tout au plus être attaquée que par les moyens de droit connus et permis par le code civil , le dol et la fraude, ou la suggestion ayant les caractères du dol, ce qui revient au même, et qu'alors

l'époux, ou ses héritiers, auraient une action contre
l'époux donataire. Mais ce n'est pas tout ; que de
difficultés pour faire une pareille preuve !

« La suggestion, dit *Cochin*, n'agit que par des
routes obscures, et pour ainsi dire souterraines ; elle
se masque non seulement aux yeux du public, mais
même aux yeux de celui qu'elle enchaîne et opprime,
et il en suit les impressions sans les apercevoir. »

La suggestion d'ailleurs ne peut-elle pas naître de
la persuasion ? la persuasion n'est-elle pas la plus
dangereuse de toutes les suggestions, *persuadere
autem est plus quam compelli atque cogi sibi
parere, liv.* 1, *§. 3, D. de servo corrupto.* Comment pouvoir frapper de nullité des actes qui n'auront été dictés que par des discours qu'une morale
sévère peut réprouver, mais qui échappent aux combinaisons les plus profondes du législateur ?

Je crois donc en résumé, d'abord que la question ne
se présentera que bien rarement, puisque la survenance
d'enfans rend sans effet les donations entre-vifs ; que
dans tous les cas, l'opinion de M. Delvincourt,
telle qu'il la présente, ne peut être accueillie sous
ce point de vue ; que l'on ne pourrait pas attaquer
une pareille donation comme une Contre-Lettre ;
et qu'enfin, à moins d'avoir la preuve la plus forte
du dol, ou d'une suggestion évidemment frauduleuse, l'époux donateur, ou ses héritiers, ne devraient
pas s'exposer aux chances d'un pareil procès.

§. VII.

La convention par laquelle le gendre cède à son beau-père la jouissance pendant sa vie, des fruits d'un héritage donné en dot à sa fille, est-elle une Contre-Lettre ?

« Voici ce qu'on lit sur cette question dans Louet, au mot *Contre-Lettre*, tome 1.er, page 188, seconde colonne :

« On a demandé si une Contre-Lettre, par laquelle le gendre aurait rétrocédé à son beau-père la jouissance, sa vie durant, des fruits d'un héritage, par lui baillé en dot à sa fille, était nulle et prohibée par la coutume ; il a été jugé que le mari étant maître et seigneur des fruits, la Contre-Lettre était bonne à son égard, et qu'elle tiendrait sa vie durant, parce qu'il était loisible à un majeur de renoncer à ses droits, et que toute personne doit maintenir sa parole ; par arrêt donné en la grand' Chambre, le 13 juillet 1583, plaidans Buisson, de Villard, et M. l'Avocat-général de Thou : voyez Servin, au plaidoyer 21 du 4.me vol., p. 14.

» Mais après la mort du mari, la femme peut agir pour son intérêt, et demander la récompense à ses cohéritiers, la Contre-Lettre, qui est nulle à son égard, ne lui pouvant pas préjudicier quand même elle aurait parlé, comme il a été jugé par le même arrêt.

» A quoi on peut ajouter l'arrêt du 30 mai 1633, plaidant Chapelier, rapporté par Dufresne, en son

Journal des Audiences du Parlement, liv. 2 chap. 2, édition 1652, qui a jugé la même chose, sur la sommation intentée contre la mère tutrice de ses enfans, héritiers de leur père, qui avait remis les intérêts ».

Ainsi, dans l'ancienne jurisprudence le gendre pouvait céder à son beau-père la jouissance des fruits de la dot. En est-il de même aujourd'hui? Pour la négative on peut dire :

1.° Que la dot étant donnée aux époux par le contrat, pour subvenir aux charges du mariage, toute stipulation d'après laquelle les époux seraient privés de la jouissance des fruits et des intérêts que la dot produit, deviendrait une dérogation au contrat, et renfermerait par conséquent une violation de l'article 1395, qui ne permet pas de changer les dispositions du contrat après la célébration, et de l'art. 1396, qui ne permet de faire une Contre-Lettre, avant la célébration, que dans les formes qu'il détermine; que chez les Romains on regardait les dots, comme intéressant l'ordre public, en ce qu'elles facilitaient les mariages, qui étaient regardés comme le plus ferme appui de la république, *Reipublica interest mulieres, dotes salvas habere propter quas nubere possint* (L. 2; D. de *Jure dotium*).

Que, sans attacher en France une si haute importance à la constitution dotale, cependant il est de l'intérêt de la famille, que l'époux ne puisse pas facilement rendre illusoire les stipulations du contrat; Que la loi, en déclarant l'époux

chef de la communauté, en lui laissant la faculté
de disposer, à titre gratuit, des objets mobiliers
qui la compose, n'a pas entendu qu'il pourrait disposer arbitrairement de la dot et des fruits : Que les
intérêts et les fruits de la dot doivent sans doute être
considérés comme biens mobiliers, mais ne sont pas
les effets mobiliers dont la loi a entendu parler dans
la dernière disposition de l'art. 1422.

Mais pour l'affirmative, on peut répondre avec
plus de succès je crois :

1°. Que le mari est le maître de la dot, *domi-
nus dotis*, surtout lorsqu'il s'agit d'une somme d'argent, et que dès-lors il peut en disposer comme il
lui plaît, aux termes des art. 1421 et 1422.

2.° Que toutes les fois que l'époux ne dispose
pas de l'universalité du mobilier, ou d'une quotité
fixe et déterminée, comme le tiers, le quart, la
moitié, alors il n'existe plus de prohibition pour lui;
il peut donner à son gré : que si le législateur, sous
ce rapport, a trop étendu les droits du chef de
la communauté, car un seul objet mobilier, un
diamant par exemple, peut valoir plus que les trois
quarts du mobilier, cependant, puisque la loi
existe, il ne s'agit pas de la critiquer mais d'exécuter ses dispositions, et elle s'explique à cet
égard trop formellement, trop clairement, pour qu'on
puisse être incertain sur sa volonté.

3.° Qu'en raison des fruits et des intérêts de la
dot, le gendre se trouve créancier de son beau-
père, et que tout créancier est libre de remettre sa
créance à son débiteur.

Mais tout en décidant que la remise des fruits, faite au beau-père, n'est pas une Contre - Lettre à l'égard du mari, la Contre - Lettre sera nulle à l'égard de la femme, et je pense, d'après Louet, que la femme pourra demander récompense à ses cohéritiers. Nous ne croyons pas d'ailleurs devoir insister davantage sur cette question, qui ne peut pas se présenter fréquemment. La dot rend moins pesantes les charges qui résultent de l'état du mariage, et sa jouissance intéresse trop les époux, pour que les gendres fassent souvent de pareilles remises à leurs beaux-pères.

§. VIII.

Une quittance donnée par un mari, d'une somme qu'il avoue avoir reçue depuis le mariage, pour augmentation de dot de sa femme, peut-elle être regardée comme une Contre-Lettre?

Une Contre-Lettre, avons nous dit, est un acte fait contre la lettre même d'un acte principal, un acte qui déroge à un autre, pour en étendre, en expliquer ou en restreindre les dispositions; une Contre-Lettre considérée par rapport aux contrats de mariage surtout, est un acte qui modifie, en totalité ou en partie, les conventions d'un premier acte.

Par exemple, les époux stipulent une clause de

séparation de dettes, et dans la Contre-Lettre cette séparation se trouve anéantie ; voilà bien évidemment un acte qui porte atteinte au contrat de mariage et qui le modifie ; mais toutes les fois que le second acte laisse le premier, *in statu quo*, toutes les fois qu'il ne s'agit dans cette seconde convention, que de faits postérieurs à l'acte principal, qui en sont séparés, et qui ne nuisent pas à l'exécution du contrat dans son intégralité, alors il n'y a pas de Contre-Lettre dans un pareil acte.

Ces simples réflexions suffisent pour décider qu'une quittance donnée par un mari, d'une somme qu'il avoue avoir reçu, depuis le mariage, pour augmentation de la dot de sa femme, ne peut être considérée comme une Contre-Lettre. En effet le contrat n'a reçu aucune atteinte par cette quittance, toutes les dispositions qu'il renferme sortiront leur effet, de même que si elle n'avait pas été donnée par le mari aux parens de sa femme.

Comment, d'ailleurs, parvenir à concevoir, qu'une quittance d'une somme reçue des père et mère serait une Contre-Lettre, lorsqu'aucune loi ne défend aux père et mère de faire des donations à leurs enfans, pendant le mariage ? Or, la quittance donnée par le mari, n'est que le reçu de l'objet donné.

Le Tribunal de Metz et la Cour royale de la même ville ont cependant, par jugement du 21 juin 1810, et par arrêt du 6 août 1811, jugé qu'une quittance donnée par les époux était une Contre-Lettre.

Mais la Cour de cassation, par arrêt du 1.er juin 1814, a cassé l'arrêt de la Cour de Metz.

« La Cour, vu l'art. 258 de la Coutume de Paris, et les art. 14 et 61 de la loi du 17 nivôse de l'an 2;

» Attendu que l'acte du 11 fructidor de l'an 2, quand aux 50,000 fr., n'a rien de contraire au contrat de mariage; qu'il fallait bien que l'époux donnât reconnaissance des deniers reçus, si réellement il en avait reçu postérieurement au mariage ; qu'ainsi cet acte ne peut être considéré comme une Contre-Lettre, et qu'il ne restait plus qu'à l'apprécier comme acte onéreux ou comme donation, etc. ». *Journ. du Pal.*, T. 41, pag. 10.

---

§. IX.

Lorsqu'une fille est dotée par son père, que le contrat porte quittance de la dot, quoique le mari ne la reçoive pas réellement, et qu'ensuite le beau-père fait à l'époux une Contre-Lettre, par laquelle il reconnaît qu'il n'a pas payé la dot, quel sera l'effet de cet acte à l'égard de la femme et de ses héritiers?

M. Delvincourt, qui examine cette question, T. 3, pag. 5 de ses notes, note 7. suppose que la Contre-Lettre n'a pas été revêtue des formes prescrites par l'art. 1596, car sans cela il n'y aurait pas de question; et voici comme il s'exprime :

« Si la fille renonce à la succession de son père, il n'y a pas de doute qu'elle ne puisse, lors de

15

la dissolution de la communauté, poursuivre son mari, ou ses héritiers, en restitution de la dot, sans que la Contre-Lettre puisse lui être opposée.

Mais si la fille a accepté la succession de son père, ne pourra-t-on pas lui opposer la règle *eum quem de evictione tenet actio, eumdem agentem repellit exceptio*, au moins pour sa part héréditaire ? Je ne le pense pas. La Contre-Lettre est nulle, même à l'égard de ceux qui l'ont signée; elle l'est donc également à l'égard de leurs héritiers ».

Cette décision me paraît extrêmement juste.

F I N.

ERRATA.

1°. Exhorbitante du droit commun ; page 19, ligne 30, *lisez* : exorbitante.

2°. Idem, Jus., page 56, ligne 26, *lisez* : idem Jus.

3°. Provenant de donation à elles faites, page 57, ligne 6, *lisez* : de donations.

4.° Rapportés par Henrys, page 72, ligne 29, *lisez* : rapportés par *Louet*.

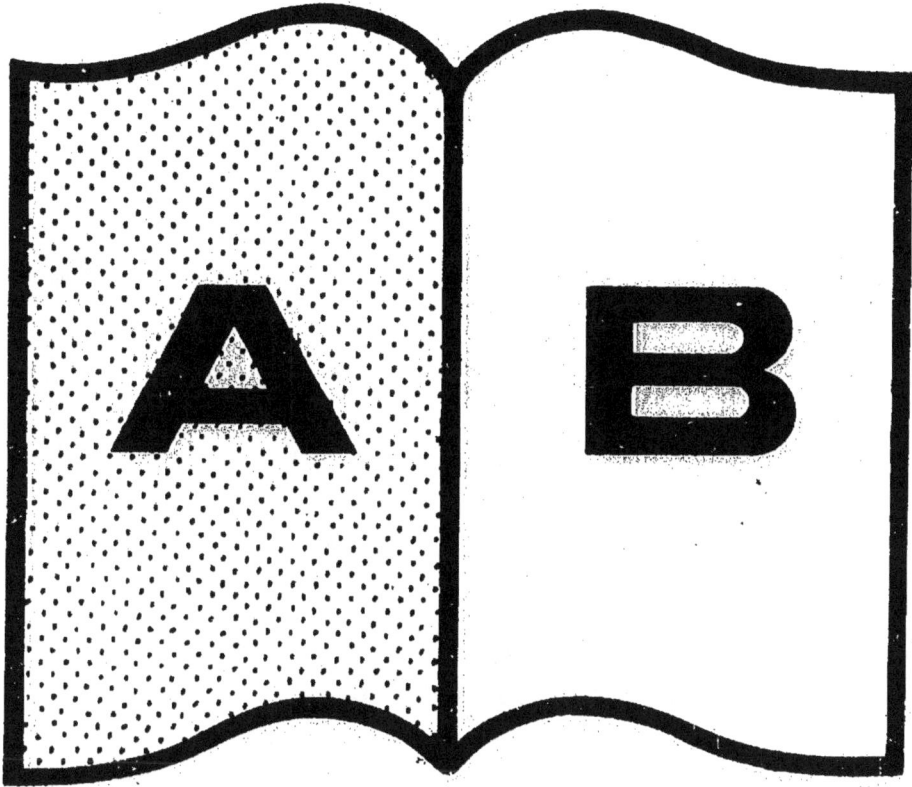

Contraste insuffisant

NF Z 43-120-14

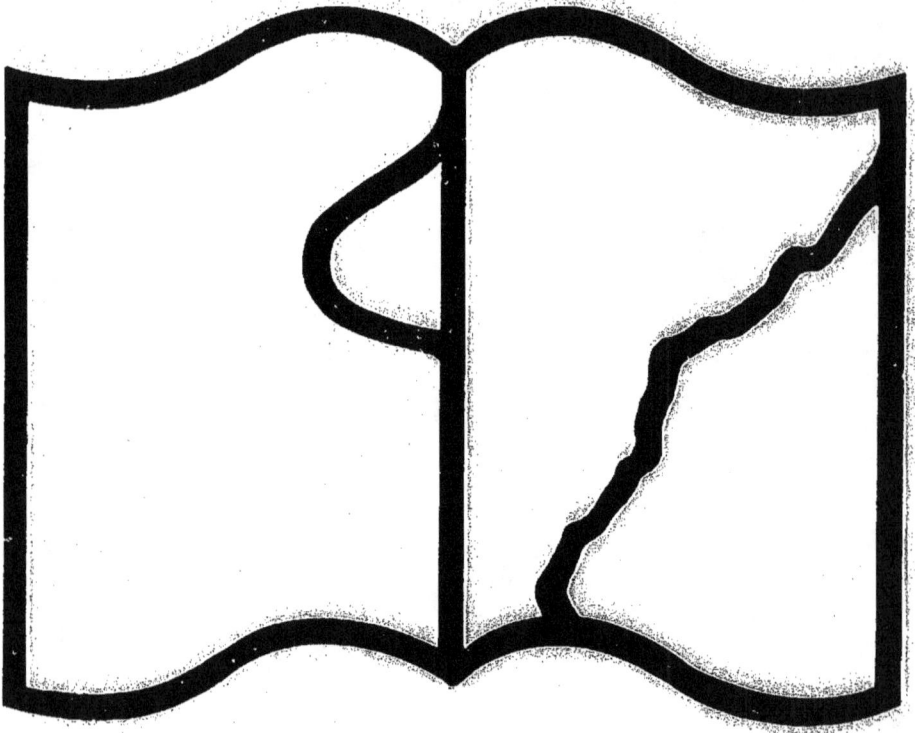

Texte détérioré — reliure défectueuse

NF Z 43-120-11